教育部哲学社会科学研究重大课题攻关项目
"女性高层次人才成长规律与成长路径研究"
（项目批准号：10JZD0045-2）

教育部哲学社会科学研究重大课题攻关项目
《女性高层次人才成长规律与发展对策》系列丛书
主编 罗瑾琏

企业女性领导者职业成长的进阶规律

李鲜苗 罗瑾琏 著

中国社会科学出版社

图书在版编目（CIP）数据

企业女性领导者职业成长的进阶规律 / 李鲜苗，罗瑾琏著. —北京：中国社会科学出版社，2015.4
（《女性高层次人才成长规律与发展对策》系列丛书）
ISBN 978-7-5161-5838-8

Ⅰ.①企… Ⅱ.①李…②罗… Ⅲ.①女性—企业领导学—研究 Ⅳ.①F272.91

中国版本图书馆 CIP 数据核字（2015）第 063885 号

出 版 人	赵剑英
责任编辑	王 曦
责任校对	周晓东
责任印制	戴 宽
出 版	中国社会科学出版社
社 址	北京鼓楼西大街甲 158 号
邮 编	100720
网 址	http://www.csspw.cn
发 行 部	010-84083685
门 市 部	010-84029450
经 销	新华书店及其他书店
印 刷	北京君升印刷有限公司
装 订	廊坊市广阳区广增装订厂
版 次	2015 年 4 月第 1 版
印 次	2015 年 4 月第 1 次印刷
开 本	710×1000 1/16
印 张	12.25
插 页	2
字 数	209 千字
定 价	42.00 元

凡购买中国社会科学出版社图书，如有质量问题请与本社发行部联系调换
电话：010-84083683
版权所有 侵权必究

序　　言

　　管理大师杜拉克预言：社会的发展以及组织的变革，引发管理思想、领导特质及管理风格发生了变化。时代的转变正好符合女性的特质，对人的关注和关爱将越来越被重视，而这正是女性的天性。女性不仅开始走入职场，而且一些卓越的女性甚至开始担任国家领导人或大型公司的最高领导者，在企业、政界、NGO等领域创造了令人瞩目的成就。女性人才作为人才结构中的重要组成部分，在组织管理和决策层中占据了越来越重要的地位。

　　"她"经济时代的到来，为女性人才提供了更加有利的发展空间和机遇，女性领导人才数量呈增长趋势，领导特质符合时代发展的需要。但其在现实的成长背景下，同样存在着些许障碍与挑战，女性领导人才数量的供给未能满足时代的需求，出现结构性的失衡。如何消除双重角色和内在心理因素对其职业成长根深蒂固的影响，优化女性管理者的职业发展轨迹，并提升其社会贡献度是当前急需解决的重要问题。因此，在教育部哲学社会科学研究重大课题攻关项目《女性高层次人才成长规律与发展对策研究》（项目号为：10JZD0045-2）的支持下，本书结合现实背景和理论基础，聚焦于女性领导者，以"职业成长"作为研究方向，试图探寻女性领导者的职业成长规律。

　　企业女性领导者作为女性高层次人才的典型代表群体，自述其职业经历的关键事件，诸如，面临何种困惑，如何进行调整、转换或突破，通过了解与学习优秀的企业女性领导的成长经验或应对方式——榜样的力量，来帮助更多的女性实现自身的职业成长与发展。本书以个体层面为研究视角，凭借故事线探寻职业成长的脉络，从而构建驱动女性领导者职业成长的关键因素和行为，最终归纳共同的成长路径。

　　本书的内容一定程度上是对以往研究的深化与补充，针对国内外女性人才成长以及性别差异方面的研究成果进行了全面梳理，并对女性人才成长的主要研究议题进行归纳。有利于丰富女性领导学的研究内容，深化女性职业生涯发展理论，并提出了心理进阶与职业成长相关性的研究新发现，为形成心理进阶新的理论研究进展，提供了探索性的案例及部分实证支持。

本书综合采用文献阅读、深度访谈、统计研究等多种方法，力求能够优势互补及相互印证，从而提高此次研究的可靠性与可信度。基于关键事件情境下女性领导者职业成长的释意要素及其动态演化关系采取了探索性研究；驱动女性领导者职业成长的内在因素（基于前一阶段研究结论提取的关键性因素）追踪研究，采用因子分析、相关分析和多层线性分析对数据进行分析和处理，构成本书的两大特色。

在此项研究中，感谢课题组四川大学谢晋宇教授及吉林大学于桂兰教授、同济大学任浩教授、闫淑敏教授、钟竞副教授等给予的合作与帮助，每次课题讨论都对本书的写作与完美提供了有益启发；同时感谢同济大学陈松教授，台湾中正大学黄良志教授，台湾中山大学赵必孝教授，以色列海法大学 Lipshitz 教授等的支持和学术建议，最后特别感谢接受调研的各位人士分享的真实有趣的故事和素材。

目 录

第一章 绪论 … 1

第一节 研究背景 … 1
一 现实背景 … 1
二 理论背景 … 6

第二节 研究问题 … 7

第三节 研究目的和意义 … 8
一 研究目的 … 8
二 研究意义 … 9

第四节 研究思路和方法 … 12
一 研究思路 … 12
二 研究方法 … 13

第五节 研究结构安排 … 14

第六节 本章小结 … 15

第二章 研究综述 … 17

第一节 研究对象及相关概念界定 … 17
一 女性领导者 … 17
二 职业发展、职业成长与职业成功 … 17
三 女性人才职业生涯发展阶段 … 20

第二节 女性人才职业成长的相关研究 … 22
一 女性人才职业成长的影响因素研究 … 22
二 女性人才职业成长的作用机制研究 … 26

第三节 以往研究述评 … 32
一 以往相关研究取得的进展 … 32

二　以往相关研究的局限和有待解决的问题 …………… 34
　第四节　本章小结 ……………………………………………… 35

第三章　企业女性领导者职业成长的研究设计 …………………… 36
　第一节　女性领导者职业成长的切入视角 …………………… 36
　　一　女性领导者职业成长的心理资本 ………………………… 37
　　二　女性领导者职业成长的角色认同 ………………………… 39
　第二节　研究的理论基础与构思设计 ………………………… 41
　　一　理论基础 …………………………………………………… 41
　　二　构思设计 …………………………………………………… 46
　第三节　本章小结 ……………………………………………… 47

第四章　企业女性领导者心理进阶：职业困境与突破机制的
　　　　 释意过程研究 …………………………………………… 48
　第一节　研究目的 ……………………………………………… 48
　第二节　研究方法 ……………………………………………… 49
　　一　质性研究方法的确立 ……………………………………… 49
　　二　资料收集及分析方法 ……………………………………… 51
　　三　研究材料的生成 …………………………………………… 52
　第三节　子研究一：职业成长的释意要素研究 ……………… 56
　　一　研究目的 …………………………………………………… 56
　　二　案例研究 …………………………………………………… 56
　　三　研究结论 …………………………………………………… 107
　第四节　子研究二：职业成长的释意要素动态演化关系 …… 112
　　一　研究目的 …………………………………………………… 112
　　二　研究结论 …………………………………………………… 112
　　三　研究发现 …………………………………………………… 113
　　四　研究命题的进一步讨论 …………………………………… 120
　第五节　本章小结 ……………………………………………… 122

第五章　职业角色认同驱动下自我效能感与企业女性
　　　　 领导者职业成长的追踪研究 …………………………… 125
　第一节　研究目的 ……………………………………………… 125
　第二节　研究方法 ……………………………………………… 125

一　变量测量 …………………………………………… 126
　　　二　研究样本 …………………………………………… 131
　　　三　信度与效度分析 …………………………………… 133
　　　四　共同方差检验 ……………………………………… 134
　第三节　职业成长函数关系模型的构建 …………………… 135
　第四节　数据分析及结果 …………………………………… 136
　　　一　区分效度的验证性因子分析 ……………………… 136
　　　二　变量的描述性统计分析 …………………………… 138
　　　三　职业满意度的增长模型 …………………………… 138
　　　四　自我效能感的增长模型 …………………………… 144
　第五节　本章小结 …………………………………………… 148

第六章　研究结论与启示 …………………………………… 149
　第一节　本书的主要结论 …………………………………… 149
　　　一　企业女性领导者职业成长的驱动因素 …………… 149
　　　二　职业成长驱动因素的动态过程 …………………… 150
　　　三　企业女性领导者职业成长呈现的进阶规律 ……… 152
　第二节　本书的理论进展 …………………………………… 155
　　　一　理论贡献 …………………………………………… 155
　　　二　本书的意义 ………………………………………… 158
　第三节　本书的现实启示 …………………………………… 159
　　　一　女性领导者职业成长自身觉醒的启示 …………… 160
　　　二　企业为女性领导者的职业成长给予支持的启示 … 161
　　　三　社会为女性领导者的职业成长有效引导的启示 … 162

参考文献 …………………………………………………………… 163

附录 ……………………………………………………………… 182
　　　一　访谈提纲 …………………………………………… 182
　　　二　问卷调查 …………………………………………… 184

后记 ……………………………………………………………… 187

第一章 绪论

第一节 研究背景

一 现实背景

妇女发展是国家社会经济发展与文明进步的重要标志。随着社会的开放、观念的更新、新型产业结构的出现与发展,妇女人力的开发与应用越来越受到各国的关注与重视。女性人才作为人才结构中的重要组成部分,在组织管理和决策层中占据了越来越重要的地位,越来越多的职业女性开始进入企事业单位的管理层,"她"经济时代已经到来。

女性领导人才:呈现增长趋势

全球范围内,女性高管比例最高的国家为俄罗斯,占46%,其次是博茨瓦纳、泰国和菲律宾,均为39%。中国香港地区位列第七,占比33%。而日本和德国的女性高管比例最低,分别为5%和13%。很多国家已意识到女性高管在企业中的重要性,挪威、西班牙和法国都已经对上市公司女性董事的比例提出了增加目标。[1] 在2011年全球商界女性50强名单中,美国女性高达18位,其次是7位印度女性,中国共有5位女性上榜,英国4位,新加坡3位,澳大利亚、德国以及瑞士均为2位。[2]

中国女企业家队伍不断发展壮大,女企业家占全国企业家总数的25%,中国女企业家协会个人会员已达7000余人。在我国,女性企业家掌管的企业98%处于盈利状态。此外,越来越多的中国女性活跃在国内政治以及科技领域的中心舞台。据统计,全国31个省区市共选举产生

---

[1] 京都天华会计师事务所2012年的《国际商业问卷调查报告》。
[2] 安德鲁·希尔:《FT揭晓2011年全球商界女性50强》,FT中文网,2011年11月15日,http://www.ftchinese.com/story/001041600。

1556名十八大代表，其中，妇女代表422名，占代表总数的27.12%，创历史新高。20年来，这一比例由十四大时的15.7%，到十五大时的16.8%、十六大时的18.1%、十七大时的20.1%，再到十八大时的27.12%[①]。2010年举世瞩目的上海世博园建设中，世博园区夜景照明总体规划负责人、交通规划方案总策划团队负责人等均为女性。近10年来，在国家科学技术进步奖、国家技术发明奖和国家自然科学奖三大奖获奖项目中，女性作为第一完成人的项目数呈现上升趋势，总数达到166项，约占获奖项目总数的6.68%，展现出女性科技工作者活跃在科学研究和技术创新的第一线，创造出了一大批具有重要支撑和引领作用的科技成果，为促进中国经济发展和社会进步做出了重要贡献。

女性领导特质：符合时代需要

管理大师杜拉克预言：社会的发展以及组织的变革，引发管理思想、领导特质及管理风格发生了变化。时代的转变正好符合女性的特质，对人的关注和关爱将越来越被重视，而这正是女性的天性。奈斯比特认为，女性领导者是未来组织发展最需要的力量。亨利·明茨伯格也认为，组织需要培育，需要照顾和关爱，需要持续稳定的关怀。关爱是一种更女性化的管理方式，很多优秀的男性CEO正在逐步采用这种方式。

利用新闻媒体，查看近十年来女性领导者的报道内容，以Fu和Tsui提出的领导者特质及定义为基准，探究女性领导特质。《人民日报》涉及女性领导特质的文章为6篇，集中于女性企业家的表述中，强调女性具有"沟通能力"及"市场敏感性"，注重"团队协作精神"。2008—2011年间，领导特质集中在"慈善"、"奉献"、"创业精神"与"社会责任"。《光明日报》涉及女性领导特质的文章为4篇。其中女干部的表述为"负责"、"以人为本"、"抵制腐败"、"集体主义"、"家长作风"、"关心他人"、"理解"与"使命感"。2010年和2011年共有3篇内容集中为特质类的描述，女企业家为"他人的理解"、"关爱"、"细致"、"敏感"、"注重团队合作"、"向善利他"与"社会责任"；女科学家为"奉献"、"社会责任"。2003—2011年间，《中国妇女报》对女性领导特质的描述更加丰富，特别是2011年有两篇女科学家的集中报道，体

---

① 姜山镇妇联：《基层妇联热议十八大：发挥妇女代表正能量》，郑州女性网，2012年11月7日，http://www.yz-women.org.cn/cn/newsd.php?nid=6762。

现了从个体的"关爱"到组织及社会责任"贡献",包含了微观的"勤劳"、"友善"、"重感情"等,中观的"团队合作"、"合作"和宏观的"和谐"和"社会责任"的特质描述。

网络媒介关于"女性领导"标题的新闻达到91条(删除重复的)。其报道数量逐年上升,内容集中展现于"柔性"、"母性"、"善解人意"、"耐心"等女性特质。从2009年开始,在面临金融危机的关键时期,报道内容更多赞赏女性的"柔性化"、"善于沟通"、"敏感"、"角色转换"等应对危机情况发生的行为或品质,彰显了女性更加适应于时代的变革。

女性领导人才:结构性失衡

女性人才在社会各领域发挥着越来越重要的作用。然而,女性高层次人才的数量和质量与其在经济社会中的参与程度还不相适应,与国家社会发展进程还有一定差距。

从企业管理层结构看,在中国上市公司中,女性在高层的任职比例为13.52%,女性在董事会成员中的比例为10.73%。另外,根据京都天华会计师事务所的2012年《国际商业问卷调查报告》最新结果显示,在受访中国内地企业中,女性高管在企业管理层占25%,但仍高于全球平均水平(21%)。在中国女性高管担任的职务方面,COO(首席运营官)的职位排在了首位,占45%,其次为人力资源总监(41%)和首席财务官(9%),CEO仅为9%;而在全球范围内,人力资源总监的比例位居首位,为21%,而女性COO的全球平均比例为12%,CEO为9%。①

除此之外,从党政领导班子结构看,女性领导人才(厅局级以上)任职呈现"五多五少"现象,北京市政府局级领导中女性占20%,而担任"一把手"者只占12.4%;全国人大代表和政协委员中女性比例也分别仅为21.4%和17.7%。

科技领域女性高层次人才同样缺位严重。我国女科技工作者的比重虽超过1/3,然而科学院和工程院女院士只占院士总数的5.06%;女性入选人才计划比例严重偏低,入选中科院"百人计划"、国家自然科学基金委员会"国家杰出青年科学基金"、教育部"长江学者奖励计划"的女性占入选人才的比例分别为7%、6.04%和3.9%。2010年6月在第三世界妇女科学组织第四届全体大会上,中国科学院院长路甬祥院士指出,"女性

---

① 京都天华会计师事务所2012年的《国际商业问卷调查报告》。

科技人员总体数量仍然偏少，高层次女性科技人员数量尤其偏少"。

女性在关键职位上的比例偏低，而且没有改变副职多、正职少的传统状况。女性高层次人才在社会组织机构中的结构性缺失，呈现明显的"剪刀效应"。

女性双重角色：认知与平衡的困惑

Friedman（2008）提出，每个人活动的领域无非是自我、工作、家庭、社区等领域，明确各种角色的期望并承担着对各种角色的责任。传统的社会文化认为男性更多地负担着从事工作以维持家庭的经济收入的责任，而女性对家庭事务有更多的责任。不仅男性这么认为，女性也深受"男主外、女主内"这种观念的影响。正是这种束缚，女性在走向社会领域，获得了有报酬的工作之后，基本没有改变男性为主导的大结构，女人在这个结构中，确实也建立起类似男性主体的身份。主流的社会结构与制度（规则与实践或者文化）为男性和女性发展资本提供了不同的机会。传统文化不仅深深影响着社会对女性的态度，也影响着女性对自身的评价和定位。在工作环境中，女性两种潜在的身份意识（女性群体和企业一员）是基于不同的类产生的。女性的社会角色与管理者角色的冲突会导致社会对女性管理者的偏见，从而使得女性职位晋升不足。这种与生俱来的身份意识会使她们觉得自己在职场中"被边缘化"。

一般而言，工作与家庭遵循着并行发展的逻辑关系，职业生涯的每一阶段都与家庭因素息息相关，或协调或冲突。Voydanoff（2005）指出，职业生涯与家庭责任之间的平衡，对于员工特别是对女性尤为重要。除了职业生涯外，家庭对女性群体有重大意义，会给职业生活带来许多影响。婚姻和父母身份施加于个人的压力远远超出一项工作或职业的压力，工作与家庭间的潜在冲突对职业生活的影响甚至超过个人发展目标对职业的影响。家庭成员的意见对雇员的工作成效有重大影响，尽管个人在社会生活中有多种选择甚至逆向选择的可能性。Schein（2007）认为，作为子女、父母的角色是不可逆的，能放弃一项职业，却不能放弃这些角色；相反，要设法完成这些角色。正是从这个意义上讲，工作与家庭平衡的研究才显得那么重要。

对女性领导者而言，备受关注的是她们作为领导者、妻子和母亲所承担的责任。一方面，社会期望她们在工作中有所表现；另一方面，照顾孩子和家务的主要责任仍然沉重地压在她们身上，她们一直在试图"平衡"

自身在工作和家庭中的角色。社会对成功男性的关注是事业，而对成功女性的关注是事业和家庭，社会对女性的成功要求更加苛刻。但从正面的角度看，现代社会对女性在事业上的追求有更大的包容，但她首先还得扮演好传统的角色。如果说以前成功的女性都被形容为"铁娘子"，而现代成功的女性更必须是个"女超人"。她必须刚柔并济，做事像男人，做人像女人，平衡家庭与事业，把握每一分钟，演好每一个角色，承受和享受内在与外在的压力。

当这些社会身份不一致时，女性应如何处理她们的多重角色。本书通过对多重社会身份的研究，一方面，可以丰富社会认知与认同理论；另一方面，能够更好地理解影响现代社会中身份认知的过程机制。

女性个体心理：心理天花板障碍

人的心智结构是一个人长期心理累积的过程，一旦形成，便成为一种定型化的、类似于本能习惯的认知方式。Pfeffer（2005）认为未来人力资源管理的趋势应聚焦于对雇员心理因素的诊断和变革上。

早在20世纪70年代，就有心理学研究发现，女孩在小学时期就出现了自信心的鸿沟，许多女性需要克服依赖的心理和害怕失败的心理，主要表现为：许多女生虽然学习成绩好，但她们的理想却没有同龄男孩高。这种心理趋势到了青春期更进一步强化，女性气质和竞争力总是产生矛盾和冲突，一些女孩的成绩也随着年龄而下降，这往往是信心不足和害怕被否定的心理所导致。而这种特性随着年龄成长一直潜伏在女性心中，她们在潜意识中降低自己的能力和竞争力，以保有自己的女性气质。这种自信心的不足也让她们在职业发展的道路上不能攀登高管的位置，因为心理素质是成为领导的一个很重要的特质。

在女性职场中，存在着明显女性行业和"玻璃天花板"现象，但是通过已有的理论研究和在国内的报道中，被采访的一些女性高管都表示自己并没有感觉到所谓的"玻璃天花板"。比如海尔集团总裁杨绵绵对"玻璃天花板"的说法很不赞同："我认为是自己吓唬自己，对个人来讲可能是一个借口，但我不认为存在，如果你想继续上升，谁也没有拦着你。"成功和没有成功跨过这道坎儿的女性对所谓的"玻璃天花板"和障碍有着不同的诠释。成功的女性觉得它并不存在，成功在于个人，但更多还在挣扎的女性往往更感觉到"玻璃天花板"和性别歧视的存在。在女性职业成长过程中，"天花板"不是"玻璃"而是"心理"。

有报道指出，女性在事业的发展中，遇到的贵人多是男性。这种现象多源于两个原因：一是女性从小养成的依赖心理，二是男性为主的商业社会的规则。这种依赖心理在理性上容易被意识到，但在感性上又很难克服。女性往往还是会征求别人的意见，需要得到一种肯定。许多女性在咨询男性的时候，自己内心其实已经有想法，只是在心理上需要一种认可和支持，而且还有一种更奇怪的现象——女性更想得到男性上司、男性同事、男性客户的认可，这或许是行为习惯和心理习惯形成的一种潜意识的惯性，一种微妙的心理。这种心理使得女性缺少一种自信，不敢承担，甚至拒绝成功，直接和间接地影响了她们的职业发展。

通过对现实背景的描述，女性领导人才数量呈增长趋势，领导特质符合时代发展的需要，但其人才数量的供给未能满足时代的需求，出现结构性的失衡。同时，在女性领导人才的成长过程中，双重角色和内在心理因素对其职业成长产生深远的影响。

二　理论背景

随着越来越多的女性踏入社会、进入职场，理论学术界对女性人才相关研究多从社会学、管理学、女性学或心理学等学科出发，试图探寻女性人才职业成长或职业生涯发展的影响因素、度量标准以及成长阶段的独有特征。

目前对女性人才职业生涯发展影响因素的研究主要围绕四个方面展开：(1) 心理因素（职业使命、自我效能感、动机和人格特质）。(2) 能力素质因素（职业胜任力、专业知识和技能）。(3) 技巧策略因素（职业规划、目标设置）。值得注意的是，两性在职业成功衡量标准的认知上存在差异。(4) 阻碍女性职业成功的组织因素和社会因素，如广泛的社会性别歧视和缺乏组织支持，女性不容易进入男性主导的社会网络中获取职位晋升所需的社会资源。相比较而言，组织和社会因素属于个体职业生涯发展的外生变量，而其他因素是内生变量。同时，能力素质、技巧策略大多属于智商因素，心理因素也与情商有直接关系。

女性人才职业发展阶段有其独有特征。廖泉文（2003）认为，相对男性的职业发展模式呈现倒 U 形，女性的职业发展模式呈现 M 形，并与女性的生理、心理等因素有关。Mainiero 和 Sullivan（2005）提出了女性"万花筒职业生涯"，通过研究构建了女性职业发展"ABC"模型。O'Neil 和 Bilimoria（2005）在探索女性职业生涯发展规律时，将女性职业生涯划分为理想主义成就阶段、注重实际的忍耐阶段和重造性贡献阶段三个阶段。此外，如信息技术的发展、组织和个人的变化、社会和市场的专业化、家庭模式和业务的扩展、经济全球化和世界性竞争等，职业生涯发展呈现出许多新的特征。随着职业生涯的无边界趋势的增强，不同的研究对象、不同的组织类型、不同的产业、不同的个人价值追求、不同的年龄和职业、不同的受教育年限等，受无边界的职业生涯发展模式的影响结果亦不同，这些最终会影响到职业成功。

认同理论、社会认知理论和自我归类理论是研究群体间或角色关系的三个非常重要的社会心理理论。传统思维定式、女性群体自我认同缺失、外部客观现实强化、内在基本素质弱化都影响到了女性人才成长，包容开放的社会环境和良好的制度环境、多元支持系统优化以及优秀的个人素质，均会对女性领导人才产生影响。

目前对女性职业生涯开发研究的理论框架已初成体系，并且关于职业成长中性别特征差异的理论解释，采用了多学科结合，特别是利用社会心理学等理论研究角色或群体关系。因此，现有的理论研究为本书提供了一定的理论依据和研究取向。

除此之外，本书得到教育部哲学社会科学研究重大课题攻关项目《女性高层次人才成长规律与发展对策研究》的资助，聚焦于企业女性领导者，成为研究女性高层次人才的重要组成部分，以"职业成长"作为研究方向，试图探寻女性人才成长规律。综上所述，为本书的选题提供了现实背景、理论背景和课题背景。

第二节　研究问题

通过现实背景、理论背景和课题背景的描述，本书将以企业女性领导者为研究对象，以"职业成长"作为研究方向，探寻成长路径，以此归纳成长规律，从而为女性人才职业成长及资源结构的调整，提供合理化的建议。因此，本书将引入以下问题进行文献梳理以及研究设计：

1. 女性人才职业生涯发展研究的理论进展如何？欲研究企业女性领导者的职业成长状况，首先有必要了解目前国内外对女性人才的职业发展状况的研究程度，包括女性职业生涯发展的影响因素以及职业成长的作用机制。通过对文献的梳理以及归纳，从而寻求具有深入研究价值的议题。

2. 驱动企业女性领导者的职业成长的心理归因以及行为表现如何？本书从个体层面出发，围绕职业成长的话题，拟通过质性化的研究，深度访谈一些成功的企业女性领导者，探寻她们在不同的职业成长期所承担的多重角色及角色的转换，是如何适应或应对这种变化，心理方面如何映射其行为表现。了解其心理状态是相对可控的因素，通过质性化的研究方法，能更好地挖掘深层次的原因和形成新的研究发现。因此，本书在具体的研究过程中要了解何种内在的因素促使这些企业女性领导者实现职业成长。

3. 企业女性领导者职业成长的动态演变关系如何？驱动因素在职业成长过程中的作用机制如何？职业成长是人才成长的一项重要组成部分，是一个动态的发展过程。因此，此次研究在探究女性领导者职业成长时，要以动态发展观探寻其成长路径或作用规律，才更具有合理性与科学性。同时，女性具有双重的社会角色，既是劳动力，又是劳动力再生产的承担者，不同时期女性承担的角色及责任会有所不同，从而影响女性的认知与行为。女性领导者在职业成长中如何管理其角色以及内在的心理归因如何作用于行为表现，是否与职业成长存在着互动关系，也是本书的主要研究问题。

而以上三个主要研究问题解决的基础在于，明确女性领导者以及职业成长的相关概念的界定。通过概念性的解释，了解女性人才职业生涯发展研究现状，并对女性领导者职业成长作用机制进行文献梳理，为本书的聚焦议题和研究设计做好准备。

第三节　研究目的和意义

一　研究目的

随着社会文化、政治经济环境的变化，女性人才成长发展备受国家及研究学者的关注。在起步阶段，主要关注于人才成长的影响因素、度量标准及测量方法来探求人才成长的阶段特征和发展规律，并取得了丰富的研究成果。近些年来，女性成长的社会环境、组织支持及个体特征方面备受关注。正如管理学大师德鲁克预言，时代的发展符合女性特质，激起对女性领导者的关注。基于以上研究背景及问题的描述，本书拟以成功的企业女性领导者为研究对象，以个体层面为研究视角，进行深度访谈，自述其职业经历的关键事件，凭借故事线探寻职业成长的脉络，从而构建驱动女性领导者职业成长的关键因素和关键行为，最终归纳共同的成长路径。

本书的具体目标或研究内容概括为：（1）通过对以往研究文献的回顾与梳理，了解国内外对女性领导人才职业成长的研究议题与进展情况。并结合中国的现实国情，了解我国女性领导者的职业发展情况，试图发现研究的机会与价值。（2）为保证研究的深入性、规范性与严谨性，需要对女性领导者以及相关概念进行界定，从而针对研究问题，进行研究设计，包括整体的构思框架、研究方法等，以此更好地解决女性人才成长等问题，展现理论和实践两方面的研究意义。（3）在相关理论研究的基础上，结合现实情境，需要对成功的企业女性领导者进行深入细致的案例访谈，从她们职业历程中的关键事件进行分析，寻找出共同的成长因素和规律，并概括出研究的命题或假设。（4）在以上研究的基础上，通过构建模型和假设，采用实证分析方法验证模型和假设，以此对案例分析的内容进行佐证。最后，针对本书的结论，总结出企业女性领导者职业成长路径与作用规律，从而为女性领导人才的发展与顺利成长提出相应的建议。

二 研究意义

此次研究摒弃了以往研究女性人才的"性别定式"、"性别偏见"与"性别歧视"等"压制式"的思维模式，以"拉式"与"推式"引入模式提出问题并解答，以此帮助更多的女性人才。因此，本书对研究者本人和被研究者而言，都是不断地反思和学习的过程。通过对成功的企业女性领导者职业历程的关键事件的分析，了解她们面临何种困惑，是如何进行调整、转换或突破的。通过了解与学习优秀的企业女性领导的成长经验或应对方式，来帮助更多的女性实现自身的职业成长与发展。

本书拟以成功的企业女性领导者为研究对象，从个体层面出发，通过深度访谈让其自述职业历程中的关键事件，将故事文本以质性化的分析方法，探寻职业成长的脉络，进而构建模型与假设。其次，采用实证研究方法，验证模型与假设。最后，针对研究内容，归纳总结出有助于丰富和拓展人力资源管理领域中职业生涯管理理论研究的深度和范围，形成理论贡献和实践价值。

(一) 理论意义

在文献梳理的基础上，本书对个案深入访谈，采用口述的方式，回顾职业历程中的关键事件，通过对关键事件的描述，了解她们的成长经历，分析、概括并验证领导者职业成长规律性的内容，从而有助于更多女性人才职业成长。本书一定程度上是对以往研究的深化与补充，进行了一系列的基础研究工作。针对国内外女性人才成长以及性别差异方面的研究成果进行了全面梳理，归纳了两性人才差异性的解释和女性人才成长的主要研究议题，并对女性职业发展理论的相关概念进行阐释和厘清，对未来深入研究具有一定的启示和指导作用。

具体而言，本书的理论意义主要体现在以下三个方面：

1. 本书有利于丰富女性领导学的研究内容。学术界关注领导学或领导力的研究，个体层面上，多集中在领导特质与风格，诸如变革型领导、交易型领导等，研究领导风格与个体及组织绩效、创造力等变量之间的关系。针对女性领导者的研究集中体现在两性领导风格的差异方面，以及宏观上概括职位晋升的障碍性因素。本书在以往女性领导学的基础上，从个体层面研究视角出发，探寻成功的企业女性领导者的职业成长"秘籍"，即如何培养并成长为优秀的企业女性领导者。因此，本书通过质性化的研究方法，以动态发展研究的范式，关注她们职业成长的主要脉络，由此丰富了女性领导学理论的研究内容。

2. 本书有利于深化女性职业生涯发展理论。主要体现在两个方面：一方面，以往对女性职业生涯阶段或职业生命周期的研究已经取得了阶段性的研究成果，本书对于成功的企业女性领导者的深度访谈是基于回顾其职业历程中的关键事件的描述，创新之处就在于研究企业女性领导者不同职业发展阶段发生的关键事件，分析她们是如何处理"危难"、"机遇"事件的。关键事件嵌入不同的职业发展阶段，通过分析关键事件，深化并丰富了女性职业发展阶段的研究内容。另一方面，在本书的实证部分，将对企业女性领导者职业成长进行追踪研究，研究的主要切入点集中在个体心理层面，职业角色认同、自我效能感与职业成功的增长性研究，在不同时间节点进行数据的收集并进行处理，这一研究范式更能体现针对个体职业成长的研究，因此，研究结论有助于体现企业女性领导者的职业成长的阶段性和动态性过程。

3. 本书有利于形成研究新发现，以此寻求新的理论创新。本书的指导思想来源于"实践—理论—实践",拟通过对成功的企业女性领导者的深度访谈,以个体心理层面为研究视角,诠释职业成长的脉络关系,构建职业成长的关系模型并通过实证进行验证。通过以上两种研究方法的结合,展示女性领导者职业成长中面临的心理障碍以及突破的行为方法,呈现她们职业历程中存在着成长路径或进阶规律。本书结合管理学和积极心理学,在已有理论研究的基础上,丰富并深化女性领导人才的规律性的内容,以此形成理论体系指导于实践。

除以上三点的理论意义之外,有利于丰富检验职业成长的实证方法。本书在纵向研究中,通过多层次分析方法,利用观测或调研的数据探究女性人才在不同时间的重复观测为层次一的单位,目标是得出每位女性领导者随职业历程的成长变化轨迹;两性或不同层级间观测的差异为层次二的单位,目标是关注于个体间变化的异质性,以确定预测因素和成长轨迹的关系。结合两种模式所得出的研究结论,不仅能够更加清晰地了解女性领导者职业成长的实际状况,使研究更加贴近生活,而且能够深入探究个体及个体间随职业成长变化轨迹的异同,使面板研究更加具有灵活性和实效性。

(二) 实践意义

目前,女性人才的发展状况仍面临多重障碍,女性高层次人才在数量和结构上与经济发展存在着失衡,女性人力资源开发不足。本书将企业女性领导者作为主要研究对象,深入探究职业成长的相关议题,研究成果主要具有以下三方面的实践意义:

1. 归纳总结已有研究中制约女性领导者职业发展存在的问题和解决的方法,并形成个体、组织及社会三方面未来待解决问题的参考依据。本书在文献梳理的基础上,将企业女性领导者职业发展过程中存在的障碍性因素进行系统性的归纳与总结,有助于女性自身、组织和社会了解制约其职业成长所存在的障碍,从而为企业女性领导人才的职业成长规避不利因素,并为制定相应的人力激励、改革措施提供借鉴和参考。

2. 从女性人才而言,通过深度访谈成功的企业女性领导者,并了解其职业成长的关键事件,探寻其成长轨迹,有助于更加客观和真实地看待或应对职场障碍与困境。同时,针对不同职业成长的关键事件情境,识别并挖掘她们是如何进行调整、转变和突破的,并进行研究总结、形成命题和假设。实证研究部分对企业女性领导者进行追踪研究,验证模型的科学性与合理性。

3. 对组织和社会而言，为女性领导人才的开发和培养更有针对性和实用性。企业或组织应当给予女性人才更多的成长机会，不断促使其学习，丰富职场经验、知识与技能，领导成员之间形成良性互动，以此在鼓励女性人才、增强其自信心等方面培养女性领导人才。社会也应当进行有效的引导与鼓励更多优秀的女性领导者参与到社会的贡献中，实现人才的合理利用，解决结构性失衡的问题。

除此之外，此次研究是首次针对国内的企业女性领导者进行深入细致的剖析，一定程度上体现了中国情境下的企业女性领导者的职业成长，未来可以与国外的女性领导人才的培养方式形成对比，在跨国性的人才培养方面提供参考价值。因此，本书的结论与启示不仅满足个体层面的实践需求，而且具有社会化的意义。诚然，本书得出的结论主要是基于个体层面，内容聚焦于驱动企业女性领导者职业成长的关键因素方面的研究，并非开启困扰女性领导职业成长中障碍的"万能钥匙"，因此，未来的研究还有待于进一步丰富与深化。

第四节 研究思路和方法

一 研究思路

根据文献综述的结果，在此次研究中，遵循如下研究思路。

首先，确定研究论题。本书的确定主要起源于导师的课题《女性高层次人才成长规律与发展对策研究》，且此课题是教育部哲学社会科学重大课题攻关项目，其本身就具有前沿性和实践价值。该课题研究对象为三大类：企业女性高管、党政领导人才、高层研究人才。其中，企业女性高管的职业生态环境和职业路径主导要素更加复杂，群体规模更大，因此本书拟选择企业女性高管为对象，并界定为"企业女性领导者"。

其次，进行文献收集与梳理。分析选题和确定研究对象后，对相关文献资料进行收集和梳理，文献的收集方式主要来自于同济大学学校图书馆提供的电子数据库和纸质数据库，针对 Elsevier Science、EBSCO、ProQuest、Science Direct、Emerald、中国学术期刊和"国家图书馆全国博硕士学位论文咨询网"（台湾地区）中收录的，与 Leadership 和 gender/

sex 相关的文献进行检索。此外，查看 2000—2011 年关于女性领导者的报纸和网站内容，作为背景资料进行梳理。

再次，确定具体研究框架以及研究方法。在文献阅读和梳理的基础上，提出具体的研究目的，并确定研究框架。研究最终确定以两个主题研究为基础的框架，分别是：（1）基于关键事件情境下女性领导者职业成长的释意要素及其动态演化关系的探索性研究；（2）驱动女性领导者职业成长的内在因素（基于前一阶段研究结论提取的关键性因素）追踪研究。

与此同时，确定两个研究主题之后，针对不同的研究内容选择适当的研究方法。本书拟从质性化的个体感知的主观释意视角出发，从释意过程所涵盖的诠释、诠释的推移、行动以及承诺性诠释四类要素展开进行多案例研究。研究采用三种分析方法：类别与主题分析；领域式分析；格式塔分析，进而得出研究结论，并形成研究命题和假设。

在质性研究基础上，通过案例访谈中有关传统角色认同和职业角色认同的陈述与已有文献的基础上，对量表进行修正。并采用问卷调研的方式对驱动企业女性领导者的心理因素进行追踪研究，以验证研究假设。

最后，形成研究结论与启示。对全书进行研究总结，从理论贡献和指导意义归纳本书的理论进展，形成现实启示，并针对本书的局限和展望进行概括。

二 研究方法

此次研究综合采用文献阅读、深度访谈、统计研究等多种研究方法，力求能够优势互补、相互印证，从而提高此次研究的可靠性与可信度。

首先，理论研究与实证研究相结合。阅读大量国内外关于女性职业成长或发展的相关性文献，这些为此次研究的切入点、总体理论框架与研究逻辑的构成提供了重要的线索与启示。但同时，从个体层面出发，鲜见针对国内企业女性领导者职业成长的心理影响机制方面的现有研究，且适用于国内女性双重角色认同的量表有待检验，因此，在注重理论研究的同时，应关注实证研究的展开。

其次，深度访谈与问卷调查并重。首先，以企业女性领导者的职业历程中关键事件为故事线，以其职业成长为话题，进行开放式和半结构化的访谈来获取资料，并通过三角验证的方法对资料进行深入、详尽的分析，以此探寻女性领导者职业成长的心理及其行为过程的研究，形成研究命题或假设。在此基础上，再对企业女性领导者进行两个阶段的数据追踪，验证研究假设，探寻成长脉络。

第五节 研究结构安排

本书分为四个阶段：首先，根据现实问题和理论背景，通过文献分析，形成研究视角，进而寻求研究的理论基础。

正式的研究阶段分为三项：（1）女性领导者职业成长释意要素研究，主要是通过对企业女性领导者的深度访谈，得出研究命题；（2）在研究命题的基础上，构建职业成长释意要素的动态演化关系，形成研究假设；（3）对研究假设进行实证检验。在完成所有的研究之后，本书对上述研究进行总结，归纳出研究结论；提出此次研究在理论上的些许贡献，以及对实践的启示；回顾研究过程中有待进一步改进之处，并对未来研究提出展望。具体的技术路线如图1.1所示。

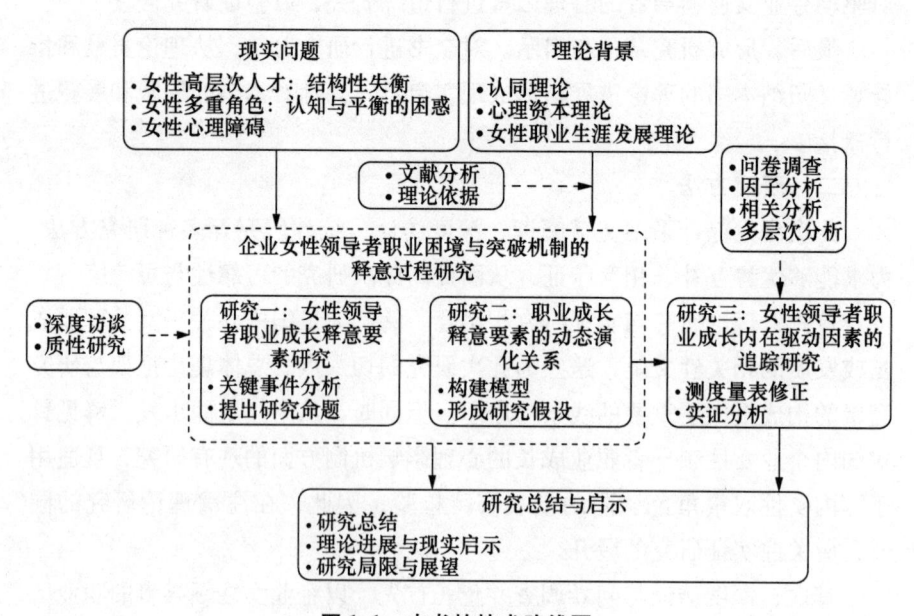

图1.1 本书的技术路线图

本书的研究问题、内容及方法之间的关系和章节安排如图 1.2 所示。

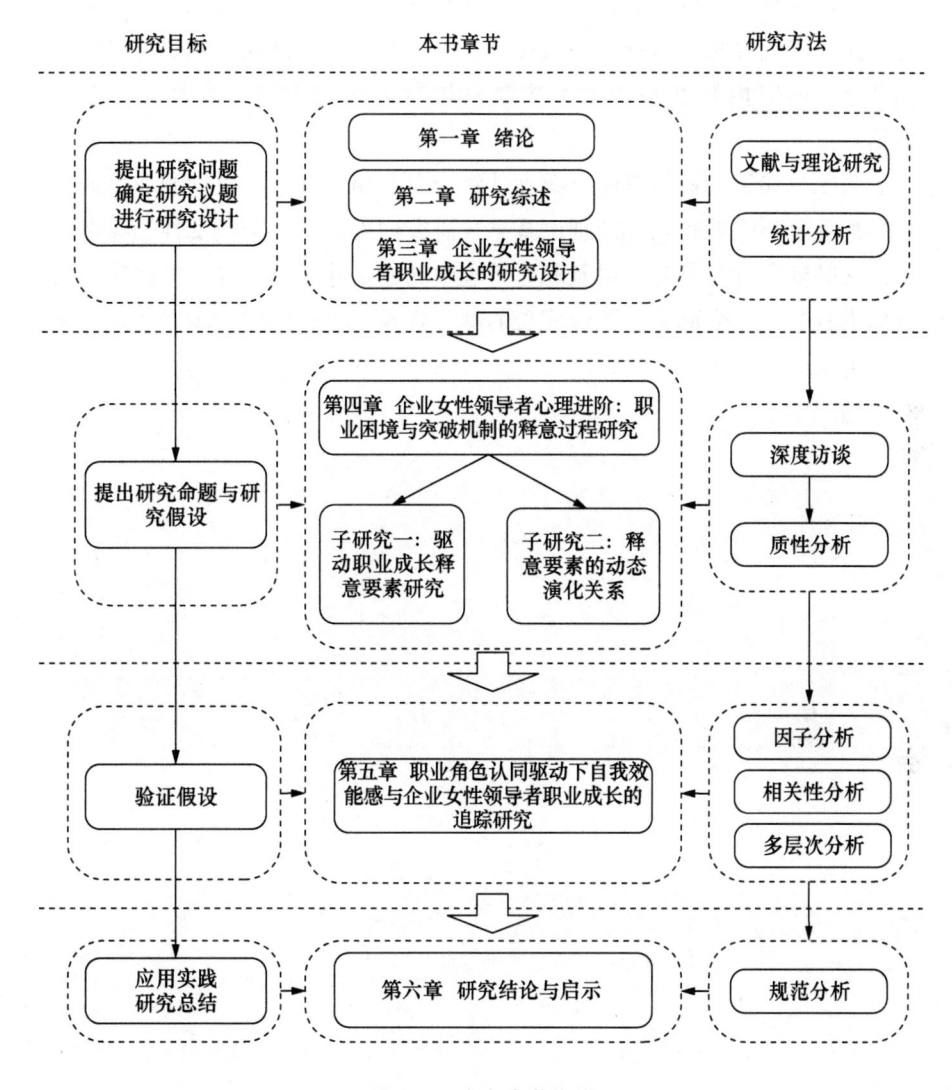

```
研究目标                本书章节                    研究方法

提出研究问题        第一章 绪论                   文献与理论研究
确定研究议题        第二章 研究综述
进行研究设计        第三章 企业女性领导者          统计分析
                   职业成长的研究设计

提出研究命题与研    第四章 企业女性领导者心理       深度访谈
究假设              进阶：职业困境与突破机
                   制的释意过程研究              质性分析
                   ┌─────────┬─────────┐
                   子研究一：驱  子研究二：释
                   动职业成长释  意要素的动态
                   意要素研究    演化关系

验证假设           第五章 职业角色认同驱动下自     因子分析
                   我效能感与企业女性领导者        相关性分析
                   职业成长的追踪研究              多层次分析

应用实践           第六章 研究结论与启示          规范分析
研究总结
```

图 1.2 本书章节安排

第六节 本章小结

本章首先从现实背景、理论背景和课题背景对此次研究背景进行总结概括，并就此提出预备的研究问题，从而针对研究的问题，对研究目的和存在的研究意义进行归纳，以形成研究设想和研究设计。研究设计包括研究思路、研究方法、研究结构安排和框架、研究技术路线图和研究可能的创新点。研究内容在每个章节中都会进行详细的阐述，本章只作总体概括。

第二章和第三章将具体介绍女性领导者及相关概念、女性职业生涯发展的相关研究文献和具体的理论基础与研究构思。关注企业女性领导者职业成长的释意过程研究，以及职业历程中的成长脉络的探寻，并将研究的具体内容分为三个部分，职业成长的释意要素、要素之间的动态演化关系以及关系的实证检验。具体的研究内容在第四章、第五章和第六章进行研究总结。

第二章 研究综述

第一节 研究对象及相关概念界定

本书得到教育部哲学社会科学研究重大课题攻关项目《女性高层次人才成长规律与发展对策研究》的资助，将研究对象聚焦于企业女性领导者，作为研究女性高层次人才的重要组成部分，以下将具体阐述研究对象及相关概念的界定。

一 女性领导者

领导特质理论认为，领导者具有与众不同的品格特征，如高智力、自信心、决断力、正直、合群等。有关领导特质理论的研究表明，至少有三种要素决定一个人是否会成为领导者："先天性"要素、"经验性"要素和"修炼性"要素。领导行为理论认为，要想成为领导者，通过一定的训练就可以，因此只要是优秀的女性，也可以成为领导者。领导活动存在于两性共同体中，不排斥男性或女性，也不只属于男性或女性。

因此，尽管中外学术界女性领导者的概念没有准确的定义，但对于女性领导者的分析研究，较多地从领导特质或风格视角，与女性特质相结合，即能够运用女性特质、女性魅力等优势，发挥其独特的影响力，且能不断实现自身价值和达成组织目标的女性就是女性领导者，它可以包括任何领域、任何层次的女性领导者。为保证研究的深入性，此次研究将研究对象限定在企业界，专门对企业女性领导者的职业成长路径或成长性的规律进行探讨。

二 职业发展、职业成长与职业成功

按照 Greenhaus（2000）的理解，职业发展（Career Development）是一个持续的发展过程，在这个过程中，个人经历了一系列具有不同问题、

主题和任务的生涯阶段。既包含进入职业领域之前的职业探索、职业目标的形成和发展，也包含进入组织后在各个组织中的职业成长。职业发展可以分为两种基本类型，即职务变动发展和非职务变动发展。其中，职务变动发展包括职位晋升与平级调动两种形式。非职务变动发展主要通过扩大工作范围，改变观念以及创新等方式实现转变。随着无边界职业生涯时代的到来，组织机构的扁平化，个体职业生涯可以通过横向调整的形式实现成功转变，非职务变动发展已经成为个体职业生涯规划发展研究中成功转型的实现形式。

相对于职业发展来讲，职业成长的研究则相对比较微观。按照 Graen 等（1997）的理解，指的是个人沿着对自己更有价值的工作内容流动的速度。这一概念界定较好地刻画了员工在工作转换过程中的职业成长问题，也表明了职业成长是一个速度的概念。Firkola（1997）认为，职业成长的重要特点就是组织与员工是搭档的关系，员工应为自己的职业规划负责，组织要尽力去支持员工职业成长。翁清雄和胡蓓（2009）通过实证研究对企业员工职业成长问题进行了操作化界定，并提出职业成长包括组织内职业成长与组织间职业成长。组织内职业成长指的是员工在目前所在组织内部的职业进展速度，涉及员工在目前单位内的职业能力发展速度、职业目标进展速度、晋升速度与报酬增长速度。组织间职业成长是员工在工作流动过程中所发生的职业成长。

对职业成功的研究最早可以追溯到 1934 年牛津大学出版社出版的 Thomdike 的《预测职业成功》一书，至今已有 70 多年的历史。职业成功的定义较多采用 Seibert 等（1999）的界定，即个人在工作经历中逐渐积累和获得的积极的心理感受，以及与工作相关的成就。对职业生涯的关注在于两个方面：其一，个体职业生涯的发展紧密联系其内在心理状态，如对自我的想象、自我认同等；其二，个体职业生涯发展涉及法定关系、职位层级与生活方式等各方面的问题。20 世纪 90 年代中后期，知识经济时代的到来、商业模式的转变等，引发组织和个人关注于"无边界职业生涯"。时至今日的 20 年来，职业成功仍是组织和个人进行职业生涯开发与管理所备受关注的重要议题。

通过以上进行的概念解释，职业成长和职业成功均涉及个体职业生涯发展中某一时点的评价，即职业成长对个体职业生涯发展在某一时点上的进展状况的评价（增量的概念），而职业成功显示的是在某一时点的个体在其职业历程中所取得的成就（存量的概念）。前一阶段的职业成功会影响到当前职业成长，而当前的职业成长影响到了下一阶段的职业成功。本书通过对女性领导者的回溯，了解其在不同的关键时点的职业进展状况以及在各个时点上取得的成就，因此在静态的阶段性研究中以职业成功为度量标准，在动态研究中关注其职业成长。

对于职业成功内涵的理解，很多学者认为衡量职业成功包括两方面的内容，主要从主观标准和客观标准考虑。此次研究基于无边界职业生涯时代下，对职业成功的衡量标准进行整理归纳（如表2.1所示）。

表2.1　　无边界职业生涯时代职业成功衡量标准一览表

衡量标准	研究者（年代）	衡量内容
客观标准	Arthur 和 Rousseau（1996）	个人市场竞争力
	Friedmen 和 Greenhaus（2000）	声望；权力；金钱；职务晋升
	Boudreau 和 Boswell（2001）	就业能力等级
	Edy（2003）	感知到的内部市场竞争力；感知到的外部市场竞争力
	Hollenbeck 和 Mccall（2003）	权利构成；税收体系；经济和社会层次；地位标志；储蓄标准
	Nicholson（2005）	地位和头衔（等级位置）；物质成功（财富、财产、收入能力）；社会声誉与尊敬、威望、影响力；知识与技能；友谊、社交网络；健康与幸福
主观标准	Weick（1996）	胜任能力的增强；尊敬；学习机会
	Friedmen 和 Greenhaus（2000）	独立的时间；安全性；挑战性；社会交往
	Boudreau 和 Boswell（2001）	生活满意度
	Finegold 和 Mohrmen（2001）	工作—生活平衡
	Dobrow（2003）	追求卓越
	Seibert（2001）；Edy（2003）；Judge（2003）	职业满意度
	Heslins（2005）	工作满意度；自我认同；目标的实现；工作与生活的平衡
	Arthur（2005）	工作—生活的平衡；有意义的感觉；贡献
	其他（2002年之前）	感知到的职业成功；社会支持；组织承诺；职业参与度；感知到的晋升机会

资料来源：作者整理。

除了利用主客观评价标准之外，Derr（1986）提出了职业成功的五项度量标准，Baruch 和 Wolfe 提出当代一个人的职业成功度量标准和当代组织的职业成功度量标准等。国内学者基本循此思路，朱苏丽（2006）结合无界职业生涯管理理论及人力资本理论，提出了无边界职业生涯情况下人才成长的三个标准，即社会标准、企业标准、个人标准。周文霞等（2010）认为职业成功观的三维结构为外在报酬、内在满足与和谐平衡。随着职业生涯理论的发展，学者们逐渐意识到男女两性在职业生涯发展测量标准上的异质性。Gerard（2003）的研究提出男性更注重包括薪酬、地位、职务的晋升等客观指标，女性更关注发展、满意度等主观指标。女性往往把工作满意度放在第一位，而把权力和回报等放在其次。

三 女性人才职业生涯发展阶段

Hall（2002）认为个体在一生中要经历探索期、尝试期、立业期、维持期四个职业发展阶段，在不同职业发展阶段，个体会重新开始输入信息、学习知识、积累经验、提高技能以适应新的职位要求。

女性同男性一样要经历与年龄有关的生命阶段，在不同职业发展阶段需要面临不同的职业任务和问题。但是，与男性不同，困扰女性一生的问题是家庭主妇角色与职业女性角色的冲突，以及与性别角色相关的障碍性因素，影响了女性职业开发的复杂性和多样性。因此，女性人才职业成长的阶段有其独有特征。

Super（1980）将女性人才职业生涯分为长期稳定的家庭主妇型、传统生涯型、稳定工作型、双轨工作型、中断型、不稳定型和多重生涯型七种基本职业形态及探索阶段、建立阶段、持续阶段和衰退阶段四个职业开发阶段。White（1995）提出了成功女性职业生涯发展阶段模型，认为女性在一生中要顺次经历探索期、成长期、稳定期、成熟期、维持期等职业发展阶段。成功女性的生命周期是一个稳定—反思—变化—稳定的过程，并且不断地循环。Mainiero 和 Sullivan（2005）提出了"万花筒职业生涯"概念来说明女性会基于各种关系、机会和限制来评估自己的职业选择，以求得最佳平衡。他们通过研究构建了女性职业发展"ABC"模型，认为在女性的整个生命周期中真实性、平衡和挑战三者的相对重要性取决于女性的职业和生活背景。O'Neil，Hopkins 和 Bilimoria（2005）在探索女性职业生涯发展规律时，将女性职业生涯划分为探索阶段、理想主义发展阶段、注重实际的维持阶段和重造性贡献阶段，认为女性的职业和生活责任随生命周期的阶段性变化而变化。女性职业生涯规划发展研究见表2.2。

表2.2 女性职业生涯规划发展研究

研究者	代表性观点
Super (1980)	女性职业开发阶段：探索阶段、建立阶段、持续阶段和衰退阶段；职业形态：长期稳定的家庭主妇型、传统生涯型、稳定工作型、双轨工作型、中断型、不稳定型和多重生涯型
Hackett 和 Betz (1981)	女性职业开发自我效能理论：低自我效能的原因是由社会化与学习经验造成的
Astin (1984)	女性职业选择与职业行为的社会心理模式：女性职业生涯受到性别角色社会化和机会结构的限制，使女性的职业期望与男性的职业期望产生差距，同时受到个人心理因素和社会环境因素的交互影响
Farmer (1985)	女性职业动机模型：女性在职业成就方面之所以落后于男性，主要是与其职业动机有关
Betz 和 Fitzgerald (1987)	女性职业选择模型：女性在职业选择过程中容易做出低于其自身潜能的选择。传统的以男性为中心的职业生涯理论不足以解释女性职业生涯发展形态
Tharenou 和 Conroy (1994)	验证职业成功模式的性别差异
White (1995)	女性职业发展阶段论：探索期、成长期、稳定期、成熟期、维持期等职业发展阶段；女性的生命周期是一个稳定—反思—变化—稳定的循环过程
Kirchmeyer (1998、1999)	检验了五种决定职业成功的潜在要素对男性和女性的影响
Mainiero 和 Sullivan (2005)	女性职业发展"ABC"模型
O'Neil, Hopkins 和 Bilimoria (2005)	探索阶段、理想主义发展阶段、注重实际的维持阶段和重造性贡献阶段

资料来源：作者整理。

女性职业生涯发展的延续性不如男性，经常容易中断，职业生涯的有效时间普遍比男性短。廖泉文（2003）认为，相对男性的职业发展模式呈现倒U形，女性的职业发展模式呈现M形，并与女性的生理、心理等因素有关。Gersick 和 Kram（2002）则认为女性的职业发展路径类似于锯齿形。Huang 和 Sverke（2007）发现女性职业生涯是多种多样的，包括向上移动、稳定、向下移动和波动等多种类型。从整体女性参与率来考察，女性就业存在单峰形和双峰形两种模式。Lona 和 Wentworth（2010）研究发现，两性职业生涯模式存在着差异性，并进行了两个阶段的对比研究。

因此，探索女性人才职业成长，应该综合考虑女性个体特质与其在职业生涯发展的不同阶段，对自己的职业生涯采取更为积极的方式，既满足了对组织与社会的价值达到更高的层次，也可以为自己职业生涯的顺利发展奠定良好的基础。

第二节 女性人才职业成长的相关研究

一 女性人才职业成长的影响因素研究

通过文献回顾发现，女性人才职业成长的影响因素可以分为消极和积极两个方面。本书针对研究问题，关注女性人才职业成长中存在的阻碍因素及其突破方式进行总结归纳，并就两性职业成长中的差异性解释及对比研究进行梳理，以此为后续的研究铺垫。

（一）女性人才职业成长的外在阻碍因素

现实生活中，女性人才职业发展往往会受到外部不可控因素的影响。长期的性别定式会影响到人们对待女性的态度，而对于从家庭走向职场的女性而言，往往会受到各种制度方面的阻碍。性别歧视或性别定式成为女性人才职业发展中难以避免的问题。因此，鉴于此次研究对象，重点梳理有碍女性人才职业成长的四种性别歧视表现。

1. 雇佣性别歧视。雇佣性别歧视对女性人力资源的开发具有重要影响，相关性的研究证实了女性领导者职业成长中存在雇佣性别歧视。Bellizzi 和 Hasty（2000）指出，尽管女性具有职位资格，但由于其生理或者社会性别特征而遭到拒绝；女性在同等条件下，不能被雇佣到同等水平的职位上，而通常被雇佣到低于自己资格水平的职位。Mainiero（1994）和 Ragins（1998）等人的研究表明，首席执行官们普遍用更大程度的努力和更高的业绩标准来要求女性。Kmec（2009）针对美国法律人才库的女性比例、空缺职位数、空缺职位的女性离职数，对 796 家律师事务所（每家的律师超过 5 位）进行统计，发现对于高层次职位，内部招聘时，性别对雇佣有正影响；外部招聘时，性别与雇佣无直接关系。

2. 职业性别隔离。主要是从歧视的角度关注为什么一些职业声望、技术要求和收入高的职业将女性"被边缘化"。在一个社会中,存在性别隔离的职业越多,说明职业的性别差异越大,职业的性别不平等现象越严重。已有的研究也充分证实了女性领导者职业成长中同样存在职业性别隔离。Metz 和 Tharenou（1997）研究认为在男性主导的银行业里,高层管理人员和主管当中女性占比不到 6%。Spurr（1990）在美国律师行业也发现了类似的情况,即女性晋升到律师事务所合伙人的概率只有男性律师的一半。Wentling 等（2003）对 IT 业女性的研究发现,工作环境中的合作、团队导向的特征最大限度有利于女性职业发展;组织要想吸引并保留有能力的女性在 IT 大军中必须了解该产业工作场所文化中对女性职业成长有利和不利的方面。

3. "玻璃天花板"。女性或是少数族群没办法晋升到组织高层,并非因为其能力或经验不够,或是不想获得其职位,而是针对女性和少数族群在其升迁方面,组织似乎设下了一层障碍。正如著名领导学者诺思豪斯（Peter G. Northouse）所言,"'玻璃天花板'是一种全球现象,受此影响的女性则不匀称地集中在中下层领导者的职位上。"Witz 和 Savage 指出,"玻璃天花板"的形成有两个主要的因素：性别刻板印象（女性被视为缺乏管理性格,不能胜任高层管理职务,甚至被界定为情感性的提供者）和组织制度设计。因为科层组织由男性建立,工作本质是理性的、客观的,男性是主要的法规制定者,整个科层组织宛如男性世界,女性是与这个组织疏远的、陌生的。性别刻板印象会造成"玻璃天花板"、"玻璃墙"、"泥泞地板"等,从而阻碍女性晋升到高层。Mindy 和 David（2010）对 7 名已打破"玻璃天花板"的女性（以地方报纸报道的 50 名杰出女性为目标）提出 6 个方面"玻璃天花板"的因素：Old Boys 网络、工作家庭平衡、选择导师、理解蜂后现象、发展领导风格、决定个人的晋升期望,并进行政策建议。

4. 薪酬性别歧视。薪酬性别歧视对女性在社会中的经济地位有着最直接的影响。以往关于薪酬性别差异的研究有很多,Fisher、Motowidlo 和 Werner（1993）曾提到女性法律专业人员的薪资与男性有显著差异,另外,研究也发现女性在较高的专业阶层的代表性不足。最近的研究也发现,尽管晋升的工资回报在性别之间没有差异,但女性的晋升概率显著地低于男性。由于职位晋升对工资水平及其增长的正向作用,职位晋升性别差异是导致性别工资差距的重要因素。Caren（2004）对 232 位 MBA 校友调研，发现性别与工作性质影响薪酬，男性在男性性质的行业薪酬较高，女性在女性性质行业的薪酬较高；男性在老产业晋升速度较快，而女性相反。

(二) 女性人才职业成长的内在阻碍因素

Mcwhirter (1998) 认为职业生涯阻碍，是在个体内部或其外在环境中使职业生涯进程发生困难的事件或情境。最初引发有关女性职业生涯发展阻碍的讨论是源于女性的能力始终无法充分发挥出来，从而成为低成就者。Betz 和 Fitzgerald (1987) 在解释女性成就和能力之间的差距时，也认为职业生涯阻碍是相当重要的概念。O'Leafy (1974) 聚焦于管理阶层的女性，将女性职业生涯阻隔分为内在因素和外在因素。其中内在因素为怕失败、低自尊、角色冲突、对职业前景的知觉、与预期有关的价值等；Russell 和 Rush (1987) 特别针对女性在从事管理行业方面所知觉的阻碍因素作了调查，其中所讨论的阻碍因素包括 28 项，经过进一步因子分析的结果，可归为六大类：在管理方面的人格特质不够、在家庭及社会方面的顾虑、来自工作环境中的阻碍、教育背景或工作经验方面的限制、女性所关心的特殊问题，以及所知觉到未来下属的抗拒情形等。Fingered 和 Weitzrnan (1992) 认为，内在障碍为面对多重角色时的心理压力。

Betz (1994) 认为女性的职业生涯阻隔包括个人或社会化因素，诸如家庭和职业生涯的冲突、逃避数学、低自尊、低自我效能期望、低成功预期等。Blimline (1976) 的研究发现，女性比男性存在较负向的自我概念，例如，对自己较没有信心等，使得女性在选择从事她们认为需要高能力的工作时表现出犹豫性，这将限制女性的职业选择。

除此之外，国内的不少研究学者对女性人才职业生涯发展的阻碍因素进行综合归纳。袁海荣 (2004) 分为组织障碍、人际障碍和个人障碍；吴贵明 (2004) 认为女性职业生涯的健康发展应该从制度、社会、组织和个体层面综合分析。刘桂花 (2005) 将女性职业发展的障碍分为社会刻板印象、女性自身及家庭因素。此外，李晓园 (2005) 根据在上海职业女性中的调查发现，家务负担、自身不努力、历史因素导致素质偏低、性别歧视、智力低于男性是五大制约职业女性发展的因素。关培兰 (2006) 指出女性职业生涯发展中受到多重角色、社会偏见与心理预期、性别意识、社会传媒、教育投资、归因模式、生理因素的制约。

纵览以往女性人才职业发展阻碍因素的相关研究，可以发现，一方面，以往研究主要关注晋升中的"玻璃天花板"、雇佣性别歧视、职业性别隔离、薪酬性别歧视以及内在因素等存在问题的研究,欠缺对阻碍产生原因的探寻和问题的解决方式;另一方面,正是由于存在的阻碍因素众多,缺乏对职业成长具体情境的研究,包括文化背景、组织背景以及个人职业情境背景等,同时涉及的研究对象较为宽泛,缺乏针对性,使得国内外研究学者对女性人才职业发展的研究结论不完全相同。因此,此次研究在中国的文化背景下,以企业女性领导者为研究对象,将其职业历程中的关键事件作为故事线,对其职业成长路径进行有针对性的探索,以此提高本书研究的应用性,为广大女性人才提供借鉴。

(三) 女性人才职业成长的制度性支持

Haya 和 Noah (2001) 进行了福利制度、家庭支持政策以及女性的职业生涯研究,发现在福利制度下,在那些对职业女性提供支持的州就业延续性最高;而提供较少支持的州,职业女性常因为各种原因要中断工作而受到惩罚。Hadas Mandel (2005) 进行了一项福利政策对女性参与工作、获取工作的影响程度的研究,其中数据来自 22 个工业国家,研究发现发达的福利政策有利于女性获得工作,但是并不能使她们获得高权利和更适宜的工作。Kalev 和 Alexandral (2009) 的研究发现,模糊的工作职责定义和跨部门合作、交叉培训能减少种族和性别歧视现象,使得黑人和女性员工更多地晋升到管理层。Seiger 和 Wiese (2009) 在对瑞士一家 107 位已有孩子的女性员工的研究中发现,社会支持是工作家庭冲突的前因变量;社会支持调节了特定领域压力和工作家庭冲突的关系。

除此之外,英国创立了女性角色的新基金或"妇女领导基金";美国小企业管理局设立了女性商业办公室;德国掀起了职业妇女与有限的幼托资源较量等。

目前,许多企业倡导多元文化,支持女性发展。宝洁倡导多元化的公司,尊重性别多元的价值。在中国,宝洁有一半以上的员工是女性,35%的管理层由女性担任,宝洁在中国内地培养的首位总经理,正是一名女性。在宝洁,鼓励女员工平衡工作和生活,"在家办公"政策、弹性工作制等,给女员工更多的自由以协调工作和家庭的不同需求。事实上,公司恰当的支持可以让员工在拥有事业的同时,享受不同身份所带来的幸福感。资生堂公司设有内部托儿中心。玫琳凯哲学:信念第一、家庭第二、事业第三。公司成立伊始,玫琳凯就以"丰富女性人生"为己任,致力于创建一个"全球女性共享的事业",她想要提供妇女别处所没有的机会:一个不论在收入、事业发展机会及个人抱负等方面都能无限发展的机会。安永采取的举措是，通过在大中华区推出"性别包容性计划"，帮助公司中女性员工找回工作与生活之间的平衡。安永暂时引进了3个项目，具体包括引入弹性工作安排、定期举办女性领导会议，以及建立"在职家长"网络。

制度性支持为女性人才职业成长提供了更加有利的外部环境，随着时代的发展，越来越多的组织或企业将为女性人才职业成长提供机会与平台，让女性更好地在生活与工作中实现平衡。

二 女性人才职业成长的作用机制研究

通过搜索JOB、JVB、IJTD、CDQ、JCD、HRDQ、AJS 7本期刊近10年来关于职业成功影响及作用机制的研究，共计112篇，其研究行业包括制造业、银行金融业、服务型企业、无线通信行业等，职业涉及女性建筑师、律师、时装界专家、高中教师、顾客服务代理、医务工作者、企业导师、大学校友、MBA学员、大学学生。其中定性方面的研究为37篇，主要采用案例研究、职业生涯历史方法等。定量方面的研究为75篇，主要采用结构方程、多变量模型、线性回归模型、Logistic回归模型、多层线性模型、T检验、方差分析，研究关系如图2.1所示。

关系性别与职业成长的众多研究中，从个体、组织及社会层面综合考虑，除了以上阐述的性别歧视外，通过图2.1主要可归纳为以下议题：(1)性别、性别特征与领导风格对女性职业成长的研究。领导风格虽然是个体层面的研究，但是影响女性领导者职业成长发展的组织及社会层面的研究也不容忽视。(2)女性领导者职业发展的网络资源、利益与网络构建。涉及组织及社会支持、导师制以及同事和家庭的支持等。(3)角色认知与冲突。研究内容包括：工作—家庭关系（冲突与平衡）、角色与时间分配等。

（一）领导风格性别差异的相关研究

在领导学领域中，领导风格理论是紧随特质理论之后的另一个重要理论，它所代表和强调的对领导行为的研究标志着以科学方法研究领导力的开始。此外，领导风格会受到社会文化以及性别角色等人文因素的影响。

20世纪80年代以来，围绕领导风格是否存在性别差异以及哪一种领导风格更有效的问题展开了一场学术争论。许多学者尝试研究性别特征和领导风格之间的关系，认为性别角色是一个重要的个性特征，影响着领导风格。有大量的实证研究表明，两性管理者的领导风格确实存在行为上的不同。Helgesen在20世纪90年代首次提出了女性领导风格学说后，许多研究者支持女性领导注重"鼓励参与，分权，体现个人价值"的领导方式，男性更多地认为"工作是一系列和下属进行交易的任务，奖惩是对下属员工劳动的报酬或对员工怠工的惩罚"。Chesler（2001）研究认为，社会性别特征的确是影响领导风格的一个重要因素，变革型领导以及交易型领导中的权变奖励因素包含了一些与女性性别角色要求中关心、支持和体贴等相一致的行为。Eagly（2011）研究的结果表明，女性往往表现出被认为是敏感的、友善的和关心他人福利的行为；而男性则往往表现出被认为是支配性的、控制性的和独立的行为。梁巧转等（2006）进行了社会性别特征与领导风格性别差异实证研究。

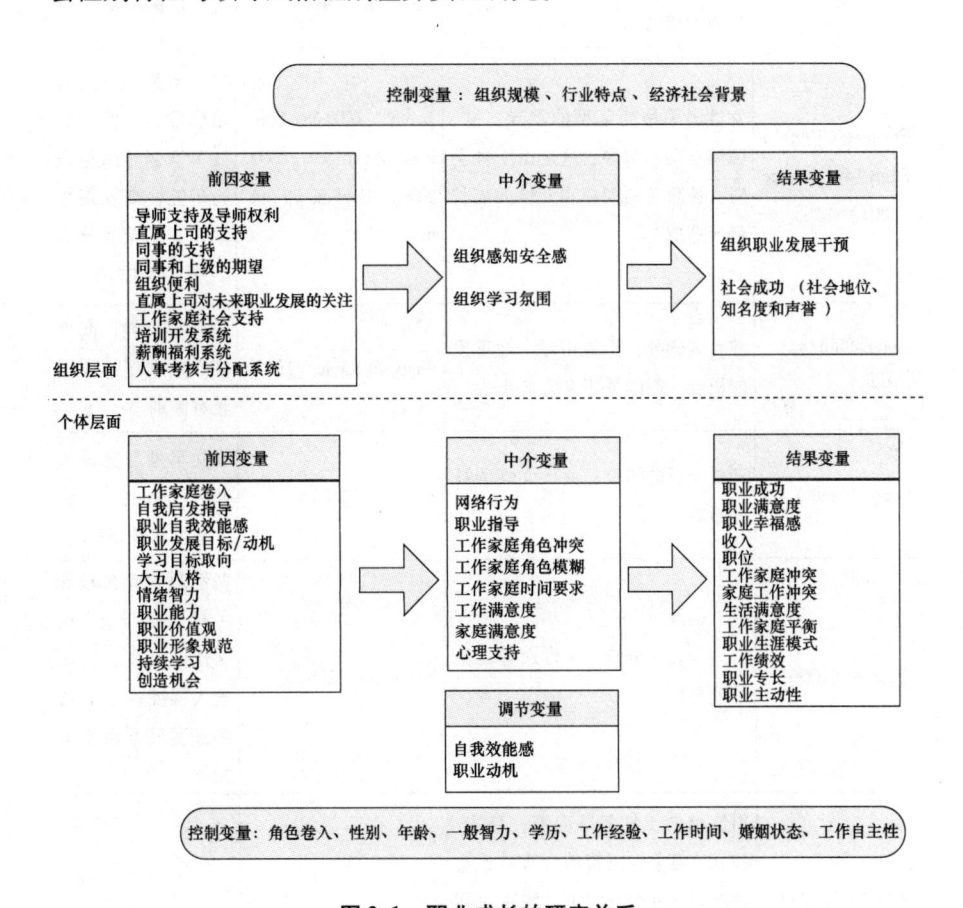

图 2.1 职业成长的研究关系

但是，另外一些学者认为领导风格并不存在显著的性别差异，两性领导者之间也确实存在差异，但这种差异毕竟太小了，之所以人们注意到了这种差异,是因为这是与性别有关的。此外,Rojahn(1994)提出"双性化"的概念,认为双性化是最合适的性别角色模式。因此,针对以上研究,两性领导者在机构中的行为和效率有无差别的研究见表 2.3。

表 2.3　　　　　　　　　领导风格的性别差异研究

支持		反对	
研究者	主要观点	研究者	主要观点
Helgesen(1990)	提出女性领导风格——注重沟通、协调、良好的人际关系以及集体的成功	Epstein(1991);Alvesson(1997)	研究没有必要缺少理论依据
Rosener(1990);Eagly 和 Schmid(2001)	女性多采用变革型的领导方式,强调互动式领导:这是由于社会对女性角色的期望和女性的成长经历造成的	Baron(2000);Furnham and Petrides(2000,2006);Hopkins and Bilimoria(2007)	实证研究:通过对情感智力、性别和变革型领导风格进行研究,则发现性别在变革型领导方面并不存在差异
Shackelford(1996)	养育式领导:重视引导、注重发展机会、鼓励关怀组织成员	Eagly 和 Karau(1995)	元分析研究:两性领导效率在总体上没有区别
Eagly(1990)	变位分析的研究:突出女性的社会影响力	Vecchio(2002)	在变革型与交易型领导风格上,性别并不存在显著影响
宇长春(2006)	心理学实证分析:两性领导风格的差异性	Northouse(2002)	两性领导者在领导才能、领导动机、工作满意度、工作投入程度以及下属满意度等方面基本相似
屠立霞(2003)	男性趋向于任务导向型:自主、独立、竞争,决策的合理性;女性趋向于社会导向型:注重人际交流、相互依存、合作共事、决策的合情性		

续表

支持		反对	
研究者	主要观点	研究者	主要观点
叶忠海（2000）	领导能力对比——女性领导人才具有调查研究、知人善任、指导基层等能力，缺乏开拓创新、预测决策、社会活动、应变适应能力		
Boyatzis（2009）；Sharpe（2000）	女性领导者的情绪及社会智力高于男性		

资料来源：作者整理。

国内外许多学者已经尝试去研究性别、性别特征和领导风格之间的关系。然而，现有研究成果之间存在不一致之处，集中表现为以下四点：（1）性别与领导风格的差异研究。两性领导风格是否存在性别差异以及哪一种领导风格更有效，一直是领导理论争论的焦点，至今在这个问题上并没有达成一致的结论。（2）性别特征与领导风格的差异。在第一个问题引出的同时，学者们开始关注性别角色特征对领导者的影响，而非传统意义上的男性或者女性，同样在此问题上仍没有达成一致。（3）管理层级对于研究关系的缓冲效应研究。（4）在不同国家或文化情景下的研究之间，它们之间的关系是否存在差异，这种差异是否显著、是否存在一般性规律，即两者关系是否存在文化情境依赖，目前还没有针对性的实证研究。

（二）职业成长的社会网络资源、网络结构与网络利益

个人通过努力获得社会资源并不排斥社会关系网络，良好的社会关系网络能够促使个人加快成长和获取更大机会。社会资本的分布在性别上体现的差异就尤其明显。在实际生活中，由于女性受自身社会资源和传统文化的限制，所拥有的社会资本相对于男性就少得多。男性在教育和社会网络的扩展上都比女性有优势。主流的社会结构与制度（规则与实践或者文化）为男性和女性发展资本提供了不同的机会。

1. 网络资源影响女性领导者的职业成长。Keeton（1996）研究了政府专员、中层和高层的成功女性管理者的特征，发现人力资本中的教育、智力、工作的竞争力和技术技能与她们的职业生涯成功有着高相关性，除

了技术技能外，其他都被认为是必要的因素。有学者提出这样的假设，认为对于女性员工的职业成长来说，社会资本对于其获得高层管理职务具有比人力资本更重要的价值，而对于获得低层管理职务时，人力资本的作用却要比社会资本更为重要。Allen 和 Izraeli（2004）指出，女性的人力资本可以帮助她们获得低层级的管理岗位，但是女性由于缺乏关系网络而使她们难以获得高层级的管理岗位。随着低层级管理岗位男性合格者数量的减少，女性进入低层级管理岗位的比例也越来越大。企业中的非正式圈子能提供许多重要的资源，但女性领导者要么被排除在这种非正式圈子之外，要么付出更大的努力才能进入这个圈子。具备领导人资质的女性之所以在职业阶梯上停滞不前，不是因为她们缺乏前进的动力和能力，而是因为往往缺乏愿意推动她们晋升到高层的那种支持。

2. 网络结构影响女性领导者的职业成长。Fisher（1983）等的研究表明，女性和男性具有规模相当的网络。而我国学者胡荣（2003）在对厦门市就业调查资料的统计中却发现，男性拜年网的平均规模是 44.47 人，高于女性的 37.65 人，只是男性在网络密度上低于女性。男性和女性的网络差异主要体现在构成方面：女性与非亲属的联系较少，而与亲属的联系较多，而男性的网络中同事则占相当大的比例。Moore（1990）的研究则进一步探讨了造成男女个人网络差异的一些结构性因素，发现在控制了与就业状况、家庭以及年龄相关的变量之后，男女之间个人网络的大部分差异消失或减少，不过女性在交往对象中亲属居多这一点始终没有改变。一些学者认为，这可能是因为男性和女性在婚姻和家长角色上的差异。中国台湾学者熊瑞梅（2001）认为这是因为女性将生活重点放在家庭私领域，网络中亲属人数较多；男性生活主要嵌入于工作等领域，网络中同事朋友较多。城市职业女性的社会网络是一个高密度的核心网络，其中，以家庭成员为主的亲缘关系在城市职业女性的社会网络中占据着最重要的位置，职业阶层地位、年龄、政治面貌、婚姻状况、家庭经济水平、居住地等社会结构变量对职业女性的社会网络模式也有着影响力。

3. 网络利益影响女性领导者的职业成长。因为男女之间网络差异的存在，必然会影响到她们网络利益的获得。Stoloff 等（1999）研究指出，女性的网络多由孩子和邻里组成，这一点有利于她们的社会支持，但在职业领域中却对她们不利。所以，女性更少地使用个人的网络找工作。他的研究还表明，女性网络中至少有一个男性的女性比没有的更有可能获得工作。Crowell（2004）研究也表明，由于女性的网络范围更小，因此获得的网络利益也更少。女性有可能通过男性而不是女性去获得更多的联系，因此对女性来说，有必要经常跨过性别障碍去获得工作机会。所以女性应该通过联系自己的弱关系来扩展社会网络，这样能够帮助她们获得更多更广的社会联系，增加她们的资本。还有学者在对广告公司的网络研究中发现，公司中的妇女缺乏进入重要的非正式网络的渠道。与男人具有同样技能和职位的妇女被排斥在非正式关系之外，而这些非正式关系使男人结成同盟，获得更高水平的支持。

社会网络资源、结构和利益三者存在相互联系与影响的关系，两性在这些方面存在不同程度的差异性，因此，如何获取网络资源、建立与维系网络结构与关系，是女性人才职业成长中必然面临的问题。

（三）女性领导者的角色冲突

角色冲突（Role Conflict），顾名思义，是指因角色期望而产生的冲突，包括角色内在冲突（Intra-role-conflict）和角色间的冲突（Inter-role-conflict）。角色内在冲突是指在对同一角色有矛盾期望不一致时而产生的，如配偶和自己本身对子女应承担的家庭责任期望不一致而产生的冲突。角色间的冲突则是指某个体所扮演的两个或两个以上职务责任之间有冲突，如工作的角色和母亲、妻子的角色间的冲突（Davis，1997）。有证据表明，承担多个角色从总体上来说有益于个体的健康和幸福感的提升。但与此同时，多个角色带来的负面效应也不容忽视。

性别角色期望模型认为，一方面，个体在工作上花费的时间比在家庭活动上花费的时间对工作家庭冲突有更大的作用；另一方面，也有研究发现男性在对时间的分配上有更多的控制，这使他们更容易满足工作和家庭的期望。生活与工作两个方面的平衡，就需要将既有的时间与精力分散在这两个方面，女性在晋升的过程中，不得不考虑到可能会受家庭的影响。Cinamon和Rachel（2006）的研究发现，工作和家庭生活存在双向性冲突；女性工作对家庭，以及家庭对工作的干预水平更高，与男性相比，她们表现出较低的处理该冲突的有效性，平等的小孩照顾模式被认为与较低的工作干涉家庭水平呈正相关，自我效能感与双向冲突呈负相关。Schaefer、Friedlander和Maruna（2004）研究发现，第一个孩子出生时的年龄、职业优先支持丈夫与收入和主观职业成功负相关；孩子数量与收入负相关；职业阻隔、组织间的流动、在兼职工作上所花费的时间与收入负相关。Donna（2008）对家务工作量、已婚女性雇用情况、已婚男性工作时间，调研发现，在工时长的国家，女性比男性花更多的时间在家务上；儿童看护较为发达的国家，女性用于家务的时间相对较少。

女性比男性经历更多的工作和家庭角色间的冲突，女性的社会角色与管理者角色的冲突会导致社会对女性管理者的偏见，从而使得女性职位晋升不足。Shelley、Correll和Stephen（2005）研究发现，已为母亲的员工被认为更没有竞争力，更缺乏承诺，更不适合被录用、提升，并且建议付更低的薪酬。Valcaven（2006）在对英国东中部地区的39名女性建筑师进行深度访谈时发现，多数女性选择兼职，39名中仅有11名全职工作；女建筑师认为，平衡工作和非工作的事务带给她们满意。

第三节 以往研究述评

一 以往相关研究取得的进展

通过对相关研究议题的回顾与梳理，发现国外关于女性领导者职业成长研究多从社会学、管理学或心理学等学科出发，展开案例与实证研究，并得出相关结论，为本书的研究深入奠定了理论基础与依据。中国是一个高度重视人际关系的社会和人们的思维方式受到"男主外，女主内"的影响，引发女性职业成长中面临角色冲突和关系冲突。人际关系的建立有赖于他人对个体态度与行为的认同，因此个体在有效处理人际关系和角色管理时所需的积极心态必然与社会能够普遍接受的规范或文化紧密相关。目前国内的相关研究也分别从不同视角，以质性思辨为主展开，为本书的情境化提供了素材支持。概括而言，目前相关的研究进展主要体现在以下四个方面：

1. 女性职业生涯开发研究的理论框架已初成体系。

女性职业生涯开发是多学科研究的重要课题之一，学者们从社会性别的视角出发，对传统职业生涯开发理论和实践进行了反思。国外许多研究人员在这个领域进行了开拓，他们对女性职业生涯开发的阶段、路径、模式、影响因素和策略等进行了有意义的探索、描述和解释。

2. 关系性别在职业成长中存在差异,为本书提供理论依据和研究取向。

现有研究从社会学、管理学及女性学等学科角度,将社会歧视理论、人力资本理论、女性主义"禀赋"理论、社会资本理论、社会资源及社会网络理论等作为解释两性成长或职业发展差异的理论基础,并在此过程中研究者分别从个体层面、组织层面和社会层面给予一定的政策建议,形成了较为完整的研究框架。

3. 女性职业成长的积极心理状态现已作为研究的重点议题,存在理论依据。

目前,国内外就心理资本对职业成功具有积极影响的研究已经取得了阶段性成果。Hall(2005)的研究也表明,当职业追求是出于心理上的内在感召和目的时,个体更容易实现职业成功。可见,心理因素是职业成功最重要的影响因素。结合两性人才职业成长差异方面的研究,发现女性在职业上具有较低的自我效能,这种低自我效能理论是由社会化和学习经验造成的。Hackett 和 Betz(1981)提出了女性职业开发自我效能理论,并强调自我效能并不是一个独立的理论体系,而应该嵌入其他理论体系(如心理资本理论)来解释女性职业生涯开发。

4. 利用心理因素为解决女性职业成长中角色冲突的相关研究提供了令人信服的依据。

有关心理因素的职业生涯的呼唤研究也成为目前研究的议题,使命感、身份认同、工作意义是呼唤产生的心理基础,响应呼唤成为现代主观职业成功的重要标志之一。呼唤是女性解决多重角色冲突(如家庭—工作冲突)的重要力量源泉,对职业角色和母亲角色都拥有呼唤感的女性要比存在角色冲突(即只对其中一种角色有呼唤感)的女性拥有更强的主观幸福感;对职业具有高呼唤感的人,其整体角色内冲突、工作—母亲或母亲—工作角色冲突也较低。女性对成为专职母亲和继续工作的呼唤感受并不相同,而且,在决定承担双重角色的过程中,相关者(如家庭成员)的支持十分重要。

随着社会文化、政治、经济环境的变化,女性领导者的职业成长成为国家及研究学者的研究热点,特别是其成长的社会环境、组织支持及个体特征等方面。正如管理学大师德鲁克预言,时代的发展符合女性特质,激起对女性领导者的关注。

二 以往相关研究的局限和有待解决的问题

在相关研究取得进展的同时，不可避免地存在一些不足之处，仍有一些理论问题有待进一步的解决，需要在深化研究的基础上，提供更为全面的解释。综合起来，目前国内有关女性领导者职业成长的局限性或不足之处主要体现在以下三个方面：

1. 制约女性领导者职业成长的情境性条件和驱动其职业成长的关键因素不够明晰，从而影响了职业成长路径的系统性分析。虽然研究学者以质性化的方法对女性个体的生理特性与职业生涯阶段划分做了较为深入的研究，但忽略了外部环境条件或职业历程的关键事件，无法回答"在何种情境下女性人才在其职业历程中会表现出特定的行为"，从而不能稳健地解释驱动女性领导者职业成长的关键性因素，因此不能为其实现职业成长的深层形成机制的理解提供理论基础，一定程度上影响了女性人才职业成长理论体系中对其内在心理归因的分析，职业成长路径缺乏系统性分析。因此，在研究女性领导者职业成长路径时，有必要加入情境性条件——关键事件的分析，通过对关键事件的分析，了解个人的心理及行为过程。

2. 女性领导者职业成长的规律性的研究结论没有形成共识，缺乏对其个体驱动机制进行深入研究。正如在本书第二章的已有研究描述中，不少学者对两性职业成长的差异化解释众多，当研究方法或研究的理论基础不同时，得出的研究结论也会有所不同，在理论操作或测量中是允许的。但是，在现实情境之下对女性职业生涯发展的政策性指导或建议，不免会引起迷茫或缺乏更加明确的指导方向。笔者认为之所以出现这种现象，一方面是由于缺乏对女性职业成长中的现象进行有效的诠释或归纳；另一方面，缺乏对其内在心理归因进行深入的剖析或研究，人才成长是一个动态的发展过程，需要探寻成长中存在的规律性内容或动态的演化性。因此，更加有必要在前人研究的基础上，深入挖掘这些未知与还不够明确的研究内容或规律性的结论。

3. 女性领导者职业成长的研究范式较为分散。就女性职业生涯开发性研究，与国外相比，国内的研究处于滞后状态。现有的研究大多从宏观层面展开讨论且局限于理论演绎，尚缺乏针对我国实际的系统理论和实证研究。现象学方法、叙事方法、扎根方法等质性研究方法对于探索研究命题或假设是一种较为理想的研究方法，其鲜活、生动与丰富的研究内容为后续研究提供了广阔的空间,目前国内对女性人才职业成长的应用正处于探索阶段。定量的研究偏重于对质性提出的研究命题或假设的验证,国内鲜有将两种范式结合研究女性领导者职业成长。为此,本书结合两种范式,通过深度访谈对得出的研究命题或假设进行实证研究。

第四节 本章小结

本章首先对研究对象以及相关概念进行界定与阐述,对女性人才职业生涯发展的相关研究文献梳理并予以归纳,包括影响女性人才职业成长的影响因素和作用机制的研究。针对已有的研究进行总结,由此得出此次研究的切入点——从成功的企业女性领导者个体层面出发,探寻其如何突破职业成长中的心理障碍,作为本书的重点。对成功的企业女性领导者心理方面的相关研究较少,"如何促进女性领导者成功转型或心理突破"也是一项难题。针对以上总结和此次研究的重点,本书拟从个体层面出发,以成功的企业女性领导者职业成长的关键事件为故事线进行分析,探寻每位女性领导者面对其独特或关键的职业成长经历时,是如何进行调整、转变与突破的。从她们的释意过程中可以找出若干影响她们职业成长的共同要素、运作规则及路径,以此构建职业成长的关系模型并验证。因此,需要对此次研究进行系统的研究设计,采用科学与合理的研究方法,用以解决研究问题,在第三章将针对具体的研究主题确定理论依据及设计进行介绍。

第三章 企业女性领导者职业成长的研究设计

研究设计对研究成果的质量至关重要,它将确定整个研究过程的框架与风格。在研究背景、研究问题、研究目的和意义的明确基础上,结合第二章的文献回顾,确定本书的研究设计。本章聚焦于企业女性领导者,总体思想是关注驱动其职业成长的关键性因素和障碍是如何突破的,以及职业历程中的成长脉络的探寻。涉及的主要研究内容也将会在此和后续章节进行展开,本章将对女性领导者职业成长的切入视角、理论基础和构思设计进行阐述。

第一节 女性领导者职业成长的切入视角

女性领导者的职业成长是一个长期和复杂的过程,通过对以上文献的回顾,研究的主要内容可以概括为三个层面和三个矛盾:

1. 研究层面

个体层面的内容包括领导风格、人力资本、社会资本、心理资本;组织层面包括制度设计、"玻璃天花板";社会层面包括社会文化、性别歧视。在研究层面内存在阻碍和支持两方面内容。

2. 研究矛盾

(1) 性别、性别特征、管理层级及文化与领导风格是否有差异?结论是不一致的。性别特征与领导风格的影响程度具有明显的情境限制;在不同的文化情景、不同的宏观经济环境下,两类领导风格的作用程度不同。因此,关注于女性领导风格的研究议题略显复杂与陈旧。

(2) 两性社会资本存在差异性,网络资源构建及利益会影响职业成长。但是,女性的网络构建有优势,女性要善于运用优势,运用网状思维实现良性发展。不能一味地致力于效仿与构建与男性相类似的网络，否则就会否定或淹没女性自身的优势，不利于组织及社会制度设计，最终影响女性人才的发挥。因此，女性要善于发挥自身的优势，获取网络资源与利益，构建有利于职业发展的社会网络。网络建构行为会因个人的网络资源与利益和情境的不同有所差异；同时在中国情境下，社会关系网络相对比较敏感，探索或深入挖掘网络资源或存在的利益关系，比较困难。本书研究的重点不在此处，仅作为分析女性职业成长的诠释推理分析。

（3）制度性的障碍是否存在？随着经济社会的发展，女性的社会地位有所改善，两性歧视有所缓和，即便存在一些性别歧视或偏见，但往往组织并不承认此现象。不乏一些女性领导者认为社会文化的影响是存在的，但是只是时间的问题，社会时代性会证明。同样准备职位晋升的女性领导者认为存在"玻璃天花板"，但是对很多成功的女性领导者而言，不存在"玻璃天花板"，而存在"心理天花板"。

事实证明，有很多优秀的女性领导者实现了个人和社会价值，她们职业历程中发生了何种关键事件以及采取何种行为模式，这种行为归于何种心理？对于这一问题的研究，实质在于产生行为模式的深层次心理归因是什么以及这些心理归因对行为的作用机制如何。于是效仿一些成功的女性领导者，需要掌握她们一些共同的破除机制，成功的女性领导者如何突破心理障碍，成为本书研究的重点。但是，从个体层面研究视角出发，对成功的女性领导者心理方面的相关研究较少，"如何促进女性领导者成功转型或心理突破"也是一项难题。心理资本和角色认同等理论为深入研究难题提供契机，下面将针对这两方面对女性领导者职业成长的相关研究进行归纳。

一 女性领导者职业成长的心理资本

心理资本是建立在人力资本和社会资本现有理论基础上，并且超越了人力资本和社会资本，具体而言，心理资本关注的是"你是什么样的人"或者是"你成为什么样的人"。心理资本反映"你是什么样的人"，包括知识、技能、专长以及经验。相对社会资本而言，心理资本也可以包括社会支持和关系网络，因为这些也是"你是什么样的人"的一部分，尤其是在面临心理压力时就更是如此。真正能体现心理能力的是心理资本，尤其是其中的"你在成为什么样的人"这一部分，这些能力在人力资本和社会资本中往往被忽视了，换言之，心理资本囊括了从现实自我向可能自我的转变（发展）的能力。

（一）心理资本的概念及维度

Sheldon 和 King（2001）认为，在通常情况下哪些事情对于一个人是重要的、哪些是对的以及哪些事情是可以改进的等方面的关注程度，能够反映其心理资本，并在 American psychologist 上阐述这一思想。Luthans（2008）等指出其是可无限开发、可测量、对绩效等工作结果有积极影响作用的心理状态。西方最新心理资本的四个构念维度是：自我效能（Self-efficacy）、希望（Hope）、乐观（Optimism）和韧性（Resilience），四个维度的含义为：乐观——对现在和将来的成功抱有肯定的态度；希望——为了成功而坚持不懈并且能在需要的时候修正达到目标的途径；自我效能——在面对有挑战性的任务时，拥有能承担任务并努力完成的自信；韧性——在遇到问题或处于困境的时候能够承受压力甚至克服困难而获得成功。

（二）心理资本与女性领导者职业成长的相关研究

以往对心理资本的研究范式主要有三类：主效应模型、缓冲效应模型和调节效应模型。在目前已有的心理资本影响效应研究中，主效应研究范式是主流。主效应模型认为，心理资本对个体、群体和组织层面的相关结果变量具有直接的增益作用，其效应独立于其他变量。Judge（2004）关于心理资本的元分析研究表明，心理资本可以解释员工自评绩效20%—30%的变异。缓冲效应模型认为，心理资本是通过影响一些中介变量来间接地影响个人、群体与组织层面的结果变量的，也就是说心理资本对结果变量的影响可能是间接的，而不是直接的。也有研究者认为，心理资本是通过调节作用来影响结果变量的。Cole（1994）以失业员工为对象研究发现，在失业后的主观满意感与再就业的关系中，心理资本起着调节作用，心理资本水平越高，主观满意感对再就业的促进作用就越明显。

最早关注自我效能如何影响妇女的职业发展的是 Hackett 和 Betz（1981）。他们将自我效能感概念应用于女性职业生涯发展历程的研究，提出女性职业生涯发展自我效能取向，说明了两性职业生涯发展的差距。他们发现，性别角色的社会化过程对女性自我效能形成的四种来源有歪曲作用，使女性形成对符合传统的女性活动的自我效能感，但限制了对非传统的活动领域的自我效能感的发展，并进一步影响了她们的职业兴趣和选择。Betz 和 Hackett（1989）女性职业生涯发展自我效能取向的研究表明，自我效能的发展与个人社会化历程有关，因此性别上的差异对女性在非女性传统的生涯发展会受到一些负面的想法限制，而形成较低的自我效能预期。其他的研究也表明，自我效能可以解释在科学技术领域中的职业兴趣上的性别差异。

Vrugt 和 Koeman（1994）对荷兰女性管理者的研究发现，管理自我效能是影响女性管理者职业成功与否的重要变量之一。Cianni（1994）以不同种族的管理者为研究对象，却发现种族和性别都对管理者的自我效能有显著影响。还有研究关注的是管理者的工作寻找的自我效能。Malen 和 Stroh（1998）对芝加哥地区失业后的男性和女性的管理者研究发现，男性对其职业偏好、个人价值和完成工作要求的能力的坚定性和评价性方面的自我效能明显高于女性，这有助于他们更积极主动地寻找工作且更快找到工作；而女性寻找工作的行为频率低，且与她们的低工作寻找自我效能密切相关，失业时间越长的女性，其工作寻找自我效能就越低。Paik 等（1998）对外派经理（韩国企业派往美国的）的研究发现，权力距离、不确定性的避免和男性—女性化对外派经理的管理自我效能有显著的影响。

Hoyt 和 Blascovich（2007）的研究表明，女性的领导效能感作为中间变量调节着刻板印象对个体的影响。领导效能感高的女性面对刻板印象和性别偏见，反而能激发出更高的绩效评估和主观幸福感。此外，Forrett（2007）认为女性在职业成就方面之所以落后于男性，主要是与其职业动机有关，动机是女性获取高层管理职位的重要因素。《华尔街日报》用"玻璃天花板"一词描述企业和机关团体中限制女性晋升到某一职位以上的无形障碍。但是，一些女性高管表示自己并没有感觉到有所谓的"玻璃天花板"。Igbaria 等（1992）调查 IT 行业的员工发现，在对年龄、工作经验、职位这些变量进行控制的情况下，女性的薪资水平仍比男性低。不过，或许是因为女性对职业发展机会与职业成就的期待较男性低，造成女性的职业满意度普遍较男性高。

二　女性领导者职业成长的角色认同

角色认同所发挥的作用是能够使个体不断寻求角色的社会意义与角色诠释一致的内在保持感和归属感，化解不同角色间的矛盾冲突，达到相对平衡与稳定的状态。此外，由于自我在不同的情境下会扮演不同的角色，主体就会承载多重身份。Postmes 和 Jetten（2006）认为，当行为主体同时按照多个不同的身份来对自我进行整体性界定时，自我就会呈现出多样性和多层次性，相应的，主体就会有多重认同。

（一）女性领导者的双重角色

根据社会角色理论，女性具有双重的社会角色，既是劳动力，又是劳动力再生产的承担者。传统的社会文化认为男性更多地负担着从事工作以维持家庭经济收入的责任，而女性对家庭事务有更多的责任。同时，当个体受雇并从事特定的职业时，职业就成了标明个体在组织中地位的主要身份标志。职业身份被认定为考虑到工作的重要性以及个人的职业兴趣、能力、目标与价值观和结构的意义，将自我感觉与职业角色相联系后形成的一种个人认知或意识。Stryker 和 Burke（2000）认为当前社会高度分化，每个人都在扮演多重角色，各种角色都有其存在的重要意义，它们共同构成自我，而身份就是自我中的各个部分。

当今女性在职业发展中，需要考虑在传统身份和职业身份认知与平衡的基础上，担负家庭与职业的双重角色与责任。White（1995）把女性必须面对的重要的家庭问题整合到其职业发展阶段之中，认为女性若想获得整体生活的平衡，就必须改变职业成功的刻板印象。性别角色期望模型认为，一方面，个体工作上花费的时间比在家庭活动上花费的时间对工作家庭冲突有更大的作用；另一方面，也有研究发现男性在对时间的分配上有更多的控制，这使他们更容易满足工作和家庭的期望。女性比男性经历更多的工作和家庭角色间的冲突，女性的社会角色与管理者角色的冲突会导致社会对女性管理者的偏见，从而使得女性职位晋升不足。生活与工作两个方面的平衡，就需要将既有的时间与精力分散在这两个方面，女性在晋升的过程中，不得不考虑到可能会受家庭的影响。

现代社会的发展，需要越来越多的女性参与到社会的管理中。现代女性担负家庭与职业的双重角色与责任，角色的冲突会阻碍女性才能的发挥。因而塑造及管理多重角色是女性领导者职业成长的一个关键任务，女性领导者的职业成长与角色认同相关。

（二）角色认同与女性领导者职业成长的相关研究

角色认同所反映的自我是由社会角色来定义的，是自我认同多重性的体现。它以两种方式影响个体行为：一方面，个体间的角色认同差异导致个体行为的不同；另一方面，在一定的情境下，由于个体对角色认同度的不同将导致个体行为的差异。实际上，个体对角色认同的认同感越强烈，其行为就越容易受认同的影响。个体在面对职业生涯的变迁时，会在一定程度上谋求自我发展，这其中包括改变价值观以及相关属性，适应新的角色认同的要求。

许多研究强调了在工作环境中，角色认同对个体职业角色诠释与行为选择的重要性，为研究个体职业生涯转变提供了必要的理论支撑。

西方国家的研究发现，婚姻以及家庭给女性的职业成长带来的负面影响要大于男性。廖泉文（2003）认为，女性的职业发展模式呈现 M 形，并与女性的生理、心理等因素有关，作为女性肩负着生育和家庭责任，在时间资源固定的情况下，女性较男性花更多的时间在家庭部门，将影响她们在就业市场的发展，也将影响她们的职业流动，尤其是晋升的机会。有些女性更有可能发生工作经历的中断，意味着获得职业晋升机会的减少。女性的社会角色与管理者角色的冲突会导致社会对女性管理者的偏见，从而使得女性职位晋升不足。这种与生俱来的身份意识会使她们觉得自己在职场中"被边缘化"。女性之所以选择不同于男性的职业流动途径，是因为一方面女性所注重的工作条件与男性不一样，女性会更关注弹性工作时间、工作场所的人际关系等，而男性则更关注职业的发展前途等；而另一方面，她们承担的家庭责任让她们更倾向于退出劳动力市场（Welter，2004；Burke，1999）。

Keith 和 McWilliams（1999）的研究认为，家庭原因对解释职业流动的性别差异具有关键作用。一方面，女性主动变换职业的比例要低于男性；另一方面，在主动更换职业时，女性比男性更可能因家庭相关原因而更换工作。并且这种家庭部门的责任将增加女性职业搜寻以及流动的机会成本，从而导致女性主动变换职业的比例要低于男性。同时，现代文化强调了男女平等，并通过显意识的文化教育使女性具有自我意识。受教育程度、计划生育政策、法律上赋予男女平等的权利等一定程度上保证了女性社会资源的获取、社会地位的平等。女性通过进入职场，和男性一样愿意努力工作，寻求在企业中的发展。

第二节 研究的理论基础与构思设计

一 理论基础

本书研究的目的是探寻企业女性领导者职业成长的"心理天花板"突破机制的研究，所遵循的研究思路是了解女性的独特的心理特征与外部环境所引发的行为现象，经过系统性的研究讨论得出结论。她们职业历程中发生了何种关键事件以及采取的行为模式,这种行为归自何种心理?对于这一问题的研究,实质在于产生行为模式的深层次心理归因是什么,以及这些心理归因对行为的作用机制如何,需要掌握她们一些共同的破除机制,成功的企业女性领导者如何突破心理障碍成为本书研究的重点。然而,对成功的企业女性领导者心理方面的相关研究较少,"如何促进女性领导者成功转型或心理突破"也是一项难题,在探寻心理归因的同时,尚需解释所引发的行为反应及其结果,需要一定的理论基础提供支撑,心理资本和角色认同等理论为深入研究难题提供契机。

(一) 认同理论

认同理论关注的是人们在社会生活中承担的角色,以及这些角色所赋予的各种认同相互间的关系,重点是由角色认同或社会期望所影响的个体行为。角色认同是各种自我知觉、自我参照认知或自我界定,人们能够将其作为他们所占据的结构性角色位置的结果加以运用,作为特定社会范畴的成员,人们的角色认同经历了标定或自我界定的过程。许多研究者还尝试使用认同凸显(Identity-salience)和承诺(Commitment)这两个概念,试图探寻认同对社会行为的影响。认同凸显是一个复杂的层级体系,在这一层级中位置较高的那些认同和行为的联系更为紧密,具有相同的角色认同的人,因为认同凸显上的差异,在一个既定的环境中行为方式就可能迥然相异。承诺是对认同凸显的补充说明,一种特定认同的凸显程度是由一个人对某一角色的承诺程度决定的。承诺反映了在何种程度上,一个人的重要的意义,他人认为他应该占据这个特定的角色位置。一个人对一种认同的承诺越强,认同凸显的水平也就越高。

基于角色认同能够很好地回答自我在特定角色的嵌入程度。但是,角色独特性又往往会引发个体之间与群体之间的冲突。一旦多重性之间无法调适,就会引发冲突。此外,由于自我在不同的情境下会扮演不同的角色,主体就会承载多重角色。当行为主体同时按照多个不同的角色来对自我进行整体性界定时,自我就会呈现出多样性和多层次性,相应的,主体就会有多重认同。

传统的社会文化认为男性更多地担负着从事工作以维持家庭的经济收入的责任,而女性对家庭事务有更多的责任。不仅男性这么认为,女性也深受"男主外、女主内"这种观念的影响。正是这种束缚,女性在走向社会领域、获得了有报酬的工作之后,基本没有改变男性为主导的大结构,女人在这个结构中，确实也建立起类似男性主体的身份。主流的社会结构与制度（规则与实践或者文化）为男性和女性发展资本提供了不同的机会。

在工作环境中，女性两种潜在的身份意识（女性群体和企业一员）是基于不同的类产生的。当个体受雇并从事特定的职业时，职业就成了标明个体在组织中地位的主要身份标志。职业认同是一种普遍存在的现象，但相关研究并不多。事实上，职业往往受限于某一特定的组织。这往往导致在认同某一职业还是某一特定组织这个问题上发生冲突。一般的研究往往会忽视探讨认同过程，即职业认同在时间上身份如何变化。特别是对于女性而言，在工作与生活中，由于不同时期角色的变化，某些长期关系以及与此紧密相关的基本关系会变得越来越弱，随着时代的发展，职业认同对个体发展来说变得越来越重要。在长期的工作过程中，一个人如何看待自己，对于职业的看法是如何形成和演化的，有时甚至可能是一种突变。Kreiner（2006）的研究表明，一个人基于某种特定身份的自我认同感越强烈，而且这种认同又是唯一的，那么他就越难脱离某种身份，就越有可能被外部不利因素所影响。然而，有两种方式可以在一定程度上缓和或消除这种不利影响。首先，可以将职业定义在更加宽泛和抽象的层次上。其次，并不把职业只界定为一种角色或者一系列角色，而是把角色本身就看成是一个不断变化、发展、具有弹性的概念。将自己看成一个有意愿也有能力勇于探索，不断学习，能够拓展出一系列可能的自我。

（二）心理资本理论

心理资本理论及概念来源于积极心理学理论和积极组织行为学理论的研究。积极心理学提倡用一种开发和欣赏的眼光来看待一个人，并对个体或社会中的问题要做出积极的解释，使个体或社会能从中获得积极的意义与力量，强调心理学要着力研究每个普通人具有的积极力量。积极心理学结合组织行为学，为心理资本概念的提出奠定了理论基础。自信、坚韧、乐观、希望、主观幸福、情绪智力等积极心理状态因符合这些标准而成为积极组织行为学的研究对象。后来，积极组织行为学把理论与应用研究重点放在了积极心理状态对领导及员工绩效的影响上。心理资本就是从积极组织行为学的基础和标准推导出来的概念。

Seligman（2002）认为可以将导致个体积极行为的心理因素纳入资本的范畴，并提出了心理资本（Psychological Capital）的概念。Luthans及其博士生Youssef和Avolio等（2002&2004）指出自信、希望、乐观、坚韧等积极心态最符合积极组织行为学的要素要求,理应成为心理资本的构成要素,对心理资本的理论发展与实践研究做出了重要贡献。同时,Luthans 等(2004)也认为将自信、希望、乐观、坚韧四种积极心理状态合并为心理资本,作为更高层次的核心概念。

已有的研究表明,职业生涯过程性与心理资本均具有过程性或易变性的特点,即通过设计"进步性"与"发展性"的职业生涯发展状态指标已证明心理资本与其生涯发展状态的关系。心理资本对职业成长的作用需要经过一定时间过程后的职业成功状态(影响结果)来检验。因此,从研究的角度看,两者都存在过程与发展的特性,同样在测量时,将对被试者在不同时间点的心理资本水平与职业成功进行测量,从而验证心理进阶与职业成长的关系。

(三)自我效能理论

自我效能理论并不试图描述主体自我的某一稳定不变的属性,而是要从个体心身机能的发挥这一动力学角度来探讨主体自我在其中的作用,是个体以自身为对象的思维的一种形式,激发人的潜能,影响人的一生。主要表现在:

1. 在认知过程中的作用。人类目的性行为大多受到预期目标的调节,目标设定先通过将未来的行为结果反映在认知结构中,从而对行为产生作用。自我效能感影响个体自我行为目标的设定,自我效能感越强,个体自我设定的目标就越具有挑战性,其成就水准亦更高。

2. 对动机过程的认知。自我效能感不仅通过动机过程影响人的归因方式,而且还对主体的认知过程发生作用。自我效能感较高,促使个体在活动中发挥更大的努力,直到达成活动的目标。反之,在遇到挫折或困境时,可能怀疑自己完成任务的能力,容易放弃自己的努力。

3. 对选择过程的影响。个体首先会避免那些无法控制的环境,选择那些自认为能够有效应对的环境。当个体可以采用不同的活动方式来解决所面临的任务时,因异质性活动方式要求不同的知识与技能,因此选择哪种活动就取决于个体对可供选择的异质性活动的自我效能感。

4. 对身心反应过程的影响。自我效能感决定了个体的应激状态、焦虑反应和抑郁的程度等身心反应过程,这些情绪反映于个体认知,从而影响个体的活动及其功能发挥。能够对环境的潜在威胁有效把握的个体,在应对环境事件时表现出自信、果断,而那些对自己应付环境担心的人,体验到强烈的应激状态和焦虑唤起，进而表现出各种保护性的退缩行为或防卫行为，这些行为不利于主体人性的发展及其功能的发挥。

自我效能的发展与个人社会化历程有关，因此性别上的差异对女性在非女性传统的生涯发展会受到一些负面的想法限制，而形成较低的自我效能预期。管理自我效能是影响女性管理者职业成功与否的重要变量之一。

（四）社会学习理论

人的主体性存在使人类行为的获得、表现、发展与变化的全过程都渗透着认知活动。行为的决定因素都是在行为主体的认知基础上建立起来的，正如 Bandura（1989）所说，"外部的环境刺激因素主要是以认知过程为中介而影响行为的"，所以，要想真正理解人类行为，就必须考察认知因素对行为的调节和作用。Bandura 认为，个体的人生幸福和事业成功主要是个体自我创造的结果。在各种自我现象中——个体的自我效能感，对个体人性潜能的发挥具有关键性作用。自我效能感是人的主体因素的核心，对人类机能活动的各个方面起作用，一方面，决定了个体思维、情感、行为及其动机的模式；另一方面，决定了个体心理功能活动的性质。班杜拉认为，作为人类行为的一种理论体系，社会学习理论的基本特征就是强调主体因素在这个整体中的重要作用。

对于职业成长的研究离不开社会学习理论的支撑，强调通过学习嵌入利益相关者网络，获取资源，从而实现对资源的利用与开发，个人的成长本质上是一个学习的过程。其理论前提关注于由个体、群体以及资源等环境要素构成的整体，其成长的基础在于个体与外部环境之间的实践互动。由此，Lave（1991）提出了情境学习理论，该理论认为学习是人类特有的高级心理机能，但它不会从学习者内部自发产生，而只能源于人际的交流与互动。学习研究应关注学习活动得以展开的系统，关注由个体、群体以及资源环境等要素构成的整体的特征。作为一个完整的分析框架，情境学习超越了行为学习与认知学习。从社会建构和实践参与的角度，情境学习在职业成长的关键事件中，其发生机制以及知识来源，能为解析复杂的企业女性领导者的职业成长拓展新的空间。

认同理论、心理资本理论、自我效能理论以及社会学习理论为研究女性领导者职业成长中，其认知与行为表现以及动态演化关系的论证提供了理论依据。

二 构思设计

因女性特殊的生理因素和所承担角色的不同,其职业生涯的独特性较为显著。女性人才成长所研究情境的不同,诸如历史文化、经济发展水平,造成国内借鉴于国外的成效不显著。同时,所研究的女性人才的典型案例还不够深入,缺乏透析其职业成长的关键性因素,没有对她们的成长轨迹或规律进行系统化的深入分析,使得研究结论或结果不明确,导致这些被研究的成功女性领导者与后备人才存在效仿迷惑等。

本书以成功的企业女性领导者为研究对象,从个体心理层面出发,通过质性的研究方法探寻企业女性领导者职业成长的驱动性因素,厘清成长脉络和动态演化性。

在质性研究的基础上,探索和验证女性领导者职业成长驱动因素的追踪研究,构建动态演化的关系模型,并提出研究假设,对研究变量选取度量方法,用以验证关系模型是否科学合理,以此寻求是否能对职业成长产生影响。本书将采取因子分析、相关分析和多层线性分析对数据进行分析和处理,对理论假设进行实证检验,并对其结果进行总结和讨论,进而归纳出推动女性领导者职业成长的研究结论或建议,指导现实生活或解决现实问题。本书研究的相互关系如表 3.1 所示。

表 3.1 本书研究的相互关系

研究问题	研究内容	研究方法	研究章节
问题一:女性职业生涯发展研究进展——已有的理论研究和现实状况?	领导风格、自我效能感、社会角色、女性职业生涯理论	文献分析、二手资料、深度访谈、内容分析等	第二、四章
问题二:驱动女性领导者的职业成长的心理归因?行为表现?职业成长的动态演变?	女性领导者职业成长的情境研究:关键事件分析	深度访谈、二手资料、统计分析、类别与主题分析、领域式的分析、格式塔分析等	第四章
	女性领导者职业成长释意过程的要素内涵		
	女性领导者职业成长释意要素内涵的动态演变关系		

续表

研究问题	研究内容	研究方法	研究章节
问题三：驱动因素在职业成长过程中的作用机制如何？	主要研究变量的相关性分析	验证性因子分析、信效度分析、相关性分析	第五章
	纵向追踪：预测因素和成长轨迹	多层次分析等	第五章

第三节 本章小结

本章在对研究对象以及女性人才职业生涯发展的相关研究文献梳理并予以归纳的基础上，进行研究总结，得出研究中存在的三种主要矛盾，即（1）性别、性别特征、管理层级及文化与领导风格是否有差异？结论是不一致。（2）两性社会资本存在差异性，网络资源构建及利益会影响职业成长。（3）制度性的障碍及其差异性。现实中有很多优秀的女性领导者实现了个人和社会价值，从个体层面研究视角出发，对成功的企业女性领导者心理方面的相关研究较少，"如何促进女性领导者成功转型或心理突破"也是一项难题。心理资本和角色认同等理论为深入研究难题提供契机和理论基础。

基于此，需要对此次研究进行系统的研究设计，采用科学与合理的研究方法，用以解决研究问题，在后续两章将针对具体的研究内容进行详细介绍。

第四章 企业女性领导者心理进阶：职业困境与突破机制的释意过程研究

由于女性特殊的生理因素和所承担角色的不同，其职业生涯的独特性较为显著。国内外对于女性特质和阶段性特征的描述多从不利于女性人才职业成长的角度考虑，而具体的解决措施与建议显得较为宽泛和缺乏实效性。究其原因，存在两方面的原因：一方面，由于女性人才成长所研究的情境不同，诸如历史文化、经济发展水平，造成借鉴的成效不大。另一方面，可能是由于所研究的女性人才的典型案例还不够深入，缺乏透析其职业成长的关键性因素，没有对她们的成长轨迹或规律进行系统化的深入分析，使得研究结论或结果不明确，导致这些被研究的成功女性领导者与后备人才形成"距离感"。基于此，本书拟借鉴多学科对女性人才职业成长相关研究成果，从个体层面的视角，通过质性的研究方法探寻企业女性领导者职业成长的驱动性因素，厘清成长脉络和动态演化性。

第一节 研究目的

鉴于以往对女性领导者的职业成长缺乏深入系统的研究，因此，本部分将研究对象聚焦于企业界的女性领导者，涉及两大研究目的。目的一：详细阐述所采用的研究方法，以此证实研究的必要性和科学性，进而精心地做好研究设计和研究过程。目的二：在选取科学的研究方法后，厘清研究思路，通过质性化的研究方法，从个体层面出发，提炼其关键和共同成长要素，以此形成清晰的职业成长路径和动态的演化性，为后续的量化研究形成关系模型和实证检验。

第二节 研究方法

一 质性研究方法的确立

质性研究是观察者置身于生活世界的情景化活动。该活动通过一系列的解读和研究工作使人们清晰地认清这个世界。研究者把人们的生活世界转化为实地研究，通过研究性劳动，以笔记、访谈、对话、照片、录音和备忘录等形式，再现世界面目。简言之，质性研究的意义在于运用解读和自然的方法来认识世界。这意味着，质性研究者在自然的情境设定下展开研究，对现象的解读和意义理解基于人们的自然呈现。

如何能够认识现实世界？以什么知识为基础？这两个问题一直是社会科学研究中的认识论问题所争论的焦点。首先，从质性研究的双方关系出发，在自然科学研究模式下，现象被看作是独立和不受研究者行为影响的，所以研究者在方法中可以做到评价客观和中立。而社会生活世界中，研究者与被研究者之间的关系往往是互动的，双方均会受到研究过程的影响。所以，在质性研究中，研究者无法做到客观，因此有必要把研究初衷和假定交代清楚，并在研究过程中加以反思。其次，关于社会科学中的真理问题。在自然科学中，独立的现实和理论之间存在着相互对应的关系；而在社会科学中，没有办法找到绝对独立的现实社会。如果若干研究报告都确认一种描述，那么这种描述就可以作为代表社会所建构的现实的真理。最后，关于知识的获得方法——通过对社会生活世界的观察或者文本的描述来发现内部的关系或模式，简言之，质性研究方法源自逻辑中的演绎推理。

Maxwell（1996）指出，质性研究方法聚焦特定的情境或者特别的人，其资料的分析通常是文字，而不是数字，适用于质性研究方法的研究目标分为五大类：

1. 从被研究者的角度出发，对其所描述的情境——遭遇的事件，构成其经历和生活的片段，个体采取的行动等，从认知、感情、动机等多个维度进行意义（Meaning）理解。被研究者的个人描述，正是研究者所力图理解的社会现实的有机组成部分。

2. 实现对被研究者进行社会活动所处的特定情境（Context）的理解，

以及此种情境对被研究者活动产生的影响。往往质性研究的样本量通常较小，其典型特点在于研究分析中应当充分保持样本个体特征的自然性和完整性，充分理解事件、行动和意义是如何在特定的情境中发生的和个体是如何被形塑的。

3. 运用扎根理论对一些不可预知（Unanticipated）的现象和影响进行总结与归纳。在长期的质性研究中，研究者首先采用质性研究方法进行预研究，从而设计问卷并识别若干实验调查的变量或条目，并进行反复论证与检验。

4. 梳理事件和行为发生的过程（Process）。质性研究方法适用于对导致某种结果的过程性问题研究，这与实验研究和问卷测量法等量化研究方法相反。

5. 进行因果关系的诠释（Causal Explanations）。质性研究方法和量化研究方法都可以进行因果关系的诠释，但是两者的研究重点不同。研究者在使用量化研究方法时，所关注的通常是自变量在多大程度上影响着因变量；而在使用质性方法时，所探究的是自变量是如何影响因变量的，两者之间的作用过程或关系是如何产生的。

本书通过被访者自述其职业历程的关键事件，从而揭示其职业成长的驱动因素，主要关注其心理以及行为方面的表现，同时探寻职业成长的动态演化性，因此是一项典型的质性研究课题。

尽管关于职业生涯发展理论、认同理论、自我效能理论、心理资本理论等领域的理论研究已经汗牛充栋，但是单纯的概念解释、比较研究或者特征分析，对于人们真正理解认知及行为与职业成长关系以及路径未免有些抽象，尽管这样的研究也具有自身的意义。通常那些经由量化的研究方法，从很大的样本中得出的关于人们的"普遍"观念行为的研究结论，或者某些单纯的思辨说理性研究结果，对于个体的参考价值不大甚至毫无意义。对人的观念和行为的研究需要质的研究方法论，社会现实往往难以依靠统计和测算来认识，特别是关于"怎么成这样"和"如何去做"的过程性问题，应当与量化研究方法划清界限。必须承认，量化统计对于回答"是什么"的问题比较快捷。因此，本书将根据研究需要，适当地使用有关统计数字。

从研究者主观方面来说，质性研究本身对研究者素质和技术的挑战，也让研究者远比对运用那些机械的计算机程序处理统计数字更有兴趣。特别是本书中所涉及的女性领导者,与研究者的过去、现在和未来都有很多相契合或者可鉴之处,能够实现研究和生活的有机结合,这也是采用质的研究方法论展开本研究的强大优势和吸引力所在。

二 资料收集及分析方法

本书是探寻成功的企业女性领导者是如何实现职业成长,特别收集她们在职场的关键事件,洞察其心理与行为的描述与自我认知,所以选择深度访谈作为资料获取方式,并对职业成长的关键事件进行释意过程分析。

(一)深度访谈

深度访谈法是一种无结构的、直接的、个人的访问,在访问过程中,一个掌握高级技巧的调查员深入地访谈一个被调查者,以揭示对某一问题的潜在动机、信念、态度和感情。深度访谈法主要用于获取对问题的理解和深层了解的探索性研究,是从访谈获得的经验资料中挖掘关系,从而得出构思和理论。深度访谈通常分为结构化、半结构化和非结构化三类。顾名思义,本书主要研究对企业女性领导者其职业成长路径的探讨,因此采用半结构化的访谈,是一种按照笼统的提纲进行的访谈,有一定的结构性,一方面可以保证访谈议题的相对集中,另一方面又具有灵活性,可以加深对问题的了解和认知或发现潜在性问题。

(二)关键事件法

关键事件法(Critical Incident Technique)是通过搜集故事或关键事件,并根据内容分析进行分类的一种研究方法。该方法已经被广泛运用在教育、管理、心理学等众多领域。作为一种质性研究方法,关键事件法所提供的信息并不是客观的数字,而是主观的意见和印象,因而能有效发掘被调查者的情感与动机,并根据事实个案来深入地分析及探讨服务过程的问题。Chell 和 Pittaway(1998)认为关键事件法适用于任何有关分类的研究。本书中有关企业女性领导者职业成长的动态演化的质性研究,可以通过关键事件法更有效地挖掘被调查者心理、情绪与动机,并根据访谈获得关键事件的描述,进行深入分析,并探讨认知过程的演变。

释意概念可用来理解女性领导者成功实现心理障碍的突破的行为路径,形成诠释并形成承诺性诠释或结果效应。释意是指在复杂、模糊或者有压力的情况下,由个体经验所推演出的结构或意义的过程。本书拟从个体感知的主观释意视角,从释意过程所涵盖的诠释、诠释的推移、行动以及承诺性诠释四类要素展开。其中，诠释源自个体角色认同（Identity）和脉络（Context）。个体角色认同代表个人行为的主要动机就是去发掘和建立自己独特的身份，它决定了女性领导者的释意结果。释意的脉络含内在脉络和外在脉络，外在脉络主要指环境脉络，即从不确定的情境中找出答案。内在脉络与个体认知紧密相连，诠释的推移指诠释会转化成为另一相关的诠释，或者引起对行为、角色的辩解，它可进一步导致行动本身，或承诺性诠释。通常女性领导者在行动之后会进行一个重要步骤，即向他人与自己辩解，说服自己与他人这么做的原因或行为发生后的结果，是社会结构、文化甚至规范的重要来源，称承诺性诠释。本书根据释意理论，以个人认知因素为内在脉络，以个人感知的环境因素为外在脉络，采用多个案例分析企业女性领导者职业成长中的路径规律。

假定每位女性领导者都有其独特的释意过程，但在释意过程中可以找出若干影响释意的共同要素、运作规则及成长路径。遵循释意概念的一些基本要素，先分别建构出各位女性领导者的释意过程，厘清脉络关系，再归纳共同的释意过程模式。与此同时，在对质性资料的分析中，采用三种分析方法：（1）类别与主题分析（Categorization and Theme），即依据受访者的叙述抽取出第一层次的概念。（2）领域式的分析（Domain Analysis），即依据不同受访者在这些叙述上的共同点将这一层次的叙述予以收敛，抽取出更高一层的概念。采纳相关理论的概念建构出每一位女性领导者在释意上类别分析的架构。（3）格式塔分析（Gestalt Analysis），尝试从整体出发，根据访谈的资料，分析意识经验中所显现出来的结构性或整体性，得出共同的关系模式。

三 研究材料的生成

（一）样本选取

样本的选取对质性研究和量化研究同等重要。样本选取意味着不仅是选择何种人来进行观察或者访谈，而且包括情境与过程的设置。质性研究的样本要求，是以对研究群体的深入理解为出发点，这就决定了样本选取的基本策略在于样本必须能够为研究者提供其他取样所不能替代的必要信息，所以质性研究的样本可称之为目的性取样（Purposeful Sampling）。因此，量化研究所推崇的"概率取样"显然不被质性研究所"赞同"，至于"便利取样"，虽然饱受量化研究的争议，但在质性研究取样中并不排除。

　　Patton（1990）指出，即便是要考虑方便程度和成本耗费，那么也应该在充分设计获取最佳样本的策略之后再作考虑。可以说，便利取样既不能算为取样策略，更不属于目的性的考虑范畴。但是，Weiss（1994）并不完全接受这种观点，特别是当来自某个研究群体的样本获取难度特别高，或者存在数量相当有限的情况下，便利取样就会成为唯一可行的样本收集途径。Maxwell（1996）还指出，随机抽样以样本规模较大为前提，而就相对小型的质性研究来说，研究者应当直接定位并选取有典型意义的样本，样本之间应当保持同质性，从而通过小的样本得出的结论可以充分代表这个群体的普通成员。同时，样本之间还应当保持异质性，也就是说，结论应当尽量广泛地包括群体中成员的不同情况。

　　质性研究所关注的不是到底有多少人，或者到底哪一类人拥有某种共性，而是某种社会文化情境中人们建构现实类属（Categories）和假设（Assumptions）。毕竟质性研究的样本个数通常较小。换句话说，质性研究不是去测量地形，而是去地下开采。至于样本的具体数量，Bertaux（2004）认为，理想的数目应当以研究所需要的资料饱和为界，即新的资料中不再有新信息涌现。但很多质性研究者都秉持"少就是多"的原则。与其说仅仅涉及众多案例的表面，不如说对精选的案例样本进行深入扎实的分析。扎根理论的创始人 Glaser 和 Strauss（1967）提出，如果运用"理论化抽样"的策略，样本的数量就成为一个相对不太重要的因素。Mccracken（1988）在指导博士研究生时指出，为了保证对资料做尽可能详尽的分析，博士学位论文的样本可以小到以个位数计，但是"5"为浮现分析类别的样本最小值，8 个样本对于一般的质性研究项目，已是足够。

　　本书的取样结合目的取样和便利取样，兼顾样本的同质性和异质性。本书中选取的研究对象，属于企业经营高层次人才（企业决策层），具有典型性，所在企业均为上市公司。样本数的确定按照理论饱和的原则为准，即抽取样本直至新抽取的样本不再提供新的重要信息为止，最终访谈了 13 位企业女性领导者，详见表 4.1。在积累和确定样本的过程中，每一次选增新样本的基本考虑在于，新样本与已有样本的基本情况差异是否足够大。

表 4.1　　　　　　　　　　13 位受访的女性领导者

被访者	出生年	所在地	婚育状况	职业
L01	1957 年	上海	已婚、有孩子	中美合资公司中国区财务总监
L02	1954 年	广东	已婚、有孩子	美国公司任全国销售总监和副总裁
L03	1974 年	上海	已婚、有孩子	外资企业（日本）董事总经理
L04	1954 年	上海	已婚、有孩子	百安居店长（已退休）
L05	1972 年	河北	已婚、有孩子	外资企业人力资源副总监
L06	1968 年	上海	已婚、有孩子	美国某跨国公司 HR 总监
L07	1969 年	山东	已婚、未生育	美国某国际著名跨国公司中国区总部市场营销总监
L08	1970 年	上海	已婚、有孩子	外资企业（美国）亚太区人力资源总监
L09	1969 年	北京	离异、未生育	欧洲某国际培训咨询公司中国区副总裁
L10	1974 年	上海	已婚、有孩子	外资企业产品线总监
L11	1962 年	浙江	已婚、未生育	某外商独资传媒公司总裁
L12	1975 年	江苏	已婚、有孩子	外资企业（德国）亚太区人力资源总监
L13	1964 年	北京	离异、未生育	上海某合资大型企业，任副总经理，负责销售

（二）研究过程

成功的研究所需要建立的研究关系，就是要在保证符合研究伦理的前提下，去获取能够回答研究问题的有效资料。因此，研究者有必要充分考虑确保研究进行的理想关系模式，以及如何建立这种关系。研究关系的建立一定要在研究设计阶段特别考虑，因为理想的研究关系绝不会在研究中自然形成（Maxwell，1996）。研究者希望本书的访谈对象——成功的企业女性领导者既能对研究者开放地分享她们的生活故事，又能自然而然地对其中某些问题和事件做出反思。研究者希望她们乐意参与这项研究，因为这项研究是针对她们这个群体的。然而口述自传式访谈需要若干小时的时间和受访者的全情投入，对于国内很多企业女性领导者来说是种新鲜，但也是令人不安的方式。

（三）进入访谈

本书选择的 13 个案例所涉及的访谈共计 17 次，大部分是在比较安静的办公环境中完成,尽管是在办公室,但均是在受访者休息的时间完成,以使得受访者足够放松。另外两次在非办公室之外的访谈也均能保障环境僻静。同时,在访谈前,我们对受访对象已告知访谈主题,以便其稍做准备。访谈时研究者采用了变换问题的方式,以"职业成长的关键事件"引入研究议题。谈论其于哪个阶段(When)以什么"竞争力"(What)实现职业成长,在其成长中如何看待自己(Whom Self),以及如何处理职业境遇的(How)。整个访谈主体围绕两个方面展开:首先,了解其在职业成长中是如何层级攀升的,探寻她们的异同和职业成长规律。其次,了解女性职业成长的关键事件时的心理、行动以及应对策略。同时,还会进一步追踪式提问,内容以访谈情境的不同,探寻其优势以及劣势是什么?又是如何发挥或表现的?通过何种方式发挥与克服的?当面临外部的机会或威胁时,又是如何应对的?在访谈的过程中,让被访者尽量以讲故事的形式描述一下职业成长的关键事件(访谈提纲详见附录一)。从现有的质化研究文献看,学者们多使用面对面访谈以获取所需要的信息资料,除了可以聆听、记录受访者的原始语言外,还可以近距离观察其外部表情,洞察内在心理,并在即时互动中有效调整访谈内容和重点。访谈全程录音,访谈时间持续在1—2个小时。

(四)编码策略

数据选择和分析技术是一种高度系统化程序,如果研究者能够有效执行这些程序,就可以达到较高的研究水准,满足研究发现的推广性、复制性、准确性、严谨性以及可验证性。因此,本书严格遵守 Strauss(1990)等的编码技术程序进行构件归纳和模型建立,以保证研究的信度和模型效度。编码时主要采用以下资料分析策略。①编码小组。为规避编码者个人偏见对编码结果的影响,减少案例研究中的误差和提高理论敏感性,本书作者与两位企业管理专业博士研究生组成共同编码小组。小组成员经过训练后,各自负责一部分案例的标签化,但每篇案例的概念化、类属化以及主轴编码等工作均由三名成员一起进行,有不同意见时共同讨论直到达成一致。②备忘录。为每个案例建立一个表单作为备忘,记录该案例的编码结果和修改过程。③理论抽样和不断比较分析,贯穿本书的整个编码过程。已形成的初步概念和类属对后面案例的编码起到指导作用,而当有新的发现,再与先前的编码结果进行分析比较,甚至返回案例修正概念和类属。这种螺旋式的比较分析能使归纳提炼的概念和类属以及类属间关系不断精细和准确。④信度和效度检验。理论饱和度是模型效度的重要保证，经验认为样本数在8—15之间即可使理论达到饱和状态，本书编码到9个案例时，概念和类属基本饱和，但仍会有新的性质出现。当编码完成全部13个案例时，新的性质也很少出现。因此，本书模型具有较好的理论饱和度和效度。

第三节 子研究一：职业成长的释意要素研究

一 研究目的

角色冲突和"心理天花板"现已成为女性职业成长的突出障碍，目前对此项问题的研究较为缺乏且不够深入。事实证明，有很多优秀的女性领导者实现了个人和社会价值，她们职业历程中发生了何种关键事件以及采取的行为模式？这种行为归于何种心理？对于这些问题的研究，实质在于产生行为模式的深层次心理归因是什么以及这些心理归因对行为的作用机制如何。于是效仿一些成功的女性领导者，需要掌握她们一些共同的破除机制，成功的女性领导者如何突破心理障碍成为本书的重点。但是，从个体层面出发，对成功的女性领导者心理方面的相关研究较少，"如何促进女性领导者成功转型或心理突破"也是一项难题。心理资本和角色认同等理论为深入研究难题提供了契机。针对以上总结和此次研究的重点，本书拟从企业女性领导者职业成长的关键事件出发，每位女性领导者都有其独特或关键的职业成长经历，她们是如何进行调整、转变与突破的。从她们的释意过程中可以找出若干影响她们职业成长的共同要素、运作规则及路径，以此达到此次研究的目的。

二 案例研究

(一) 案例分析

通过深度访谈，发现13位企业女性领导者存在四种职业成长特性，便将这些女性领导者的职业成长特性概括为：超越型职业成长、关系型职业成长、精英型职业成长和竞争型职业成长，并在每种类型的案例分析后均有阐述。

1. 超越型职业成长

L01 财务总监的职业成长关键事件分析

（1）释意要素

释意来源分为三大类：①身份角色的认同。L01 经历了"文化大革命"，意识到作为从城市来的女孩子能够和男孩子一样完成指标，胜利的喜悦让她们非常激动和开心。22 岁到 27 岁之间在工厂就业并结婚生子，此阶段突出贤妻良母、相夫教子的价值追求，丈夫希望妻子放弃对事业的追求。在 29—39 岁之间的 10 年内成功调入机关做财务工作，辗转两家中美合资公司，从普通财务人员成长为职务经理，最终成为中国区财务总监。②个体内在脉络。从工作价值观、自我效能感/自信、知识与经验、成就感、责任、工作态度进行诠释。③外在脉络。从领导与同事支持、家庭支持、工作机会进行诠释。

诠释的推移：个人与外在因素的互动过程表现在，个体积极主动地调适，并得到信任与鼓励。这种互动的过程就体现在主动性、沟通、正面鼓励。

行为表现：①经历"文化大革命"时期，选择顺服并懂得积极自我调适。②在外企总能较快适应工作，这不仅来自其专业领域的经验积累，更与她业已养成的顺服和好学的工作态度有关。③在面对挫折的时候，自我评估与反思，思维方式发生转变。④将重心由家庭向工作转变过程中，产生角色冲突，孩子和家庭一度成了个人发展的"牵制"，似乎只有工作和事业才是属于自己的，只有参与社会贡献才是有意义的。随着职业的发展，她似乎开始为自己努力工作的行为而遗憾，她给自己找出了健康问题的借口，促使自己萌生放弃执着追求发展的念头。近 50 岁了，已经做到中国财务总监的职位，再上升的空间几乎是没有了，她考虑功成身退，平衡工作与生活。

结果表现/承诺性诠释：①并不曾刻意计较个人利益得失，然而外企那明显优厚的物质待遇和快速晋升，令她实实在在地感受到了学习的价值。②质量要求让她学会了目标导向，提高了自己的工作标准意识，更加促使其学习力度和方向得到强化。③实现了从顺服和适应到好学和积极主动的转型，成为独当一面的财务职业经理人，自然而然地成了她最显著的个人价值观和管理风格。④工作成了她生活中非常重要的组成部分，从工作中所得到的社会尊重感和经济地位是家庭和婚姻所无法给予的心理满足。

表 4.2　　　　　　　　　　　　L01 的释意要素

释意基本要素		种类	代表性语录
释意来源	角色认同	职业经理人	受到领导的认可，同事也很尊重我
		妻子、母亲	老公是希望太太在家里的，把孩子教育好
	内在脉络	职业价值取向	家里的收入还不错，但是在家里我会很闷的，我的专业知识和个人价值一点都实现不了
		自我效能感/自信	以往的经验告诉我：我是能做好的
		成就感	因为本来想象当中是自己做不来的嘛，但是你做出来了你不是有成就感吗
		挑战性	在这种情况下呢我就觉得压力要比工厂大，原来在国企做的时候，找个替补就可以了，但是在外企的话，他就觉得你这个服务还没有到位
		知识与经验	做得比较美国化的那一套东西都拿到中国来做，所以当时在 B 公司做也觉得真是蛮自豪的，也学到很多东西
	外在脉络	工作机会	也是这些同事、这些领导信任你，让你有很多机会去做更多的事情，让你去成长因为你不做你就不会学到很多东西
		领导与同事支持	然后我觉得到了这个 A 公司，去了以后很快就熟悉了这个业务。当时，我们的那些老外的财务总监，或者部门中方的也比较认可，觉得我还是蛮快适应这种工作，然后就把这个重要的工作一点一点让我做
		家庭支持	所以呢有些时候也会有一些分歧，但我先生总的来说还是蛮支持的
诠释推移		积极主动	嗯，没有特别大的不开心的事情，我觉得我还是会很快调整
		角色平衡	近 50 岁了，已经做到中国财务总监的职位，再上升的空间几乎是没有了，平衡工作与生活
		正面鼓励	所以我在 B 公司也得到很多的锻炼，其实我也是得到鼓舞了……在这个方面得到锻炼，得到成长了

续表

释意基本要素	种类	代表性语录
行为表现	顺服	我说，随便组织安排，你们要我怎么样，觉得我合适在哪里做，后来就一直在改变这个工作
	学习	其实你做得多看上去好像奉献得多，其实你也学到很多，如果没有这样给你去做的机会，其实你学不到的，你只是听人家说，你没有第一个感觉自己的经验的
	自我反思	我现在忙忙碌碌好像就是为了生活，就是为了工作，就是为了赚钱，好像太简单了，这样不好，身体也不好
	沟通	公司里有规定怎么做，大家就照着怎么做，如果沟通上有什么差异的话，那就多沟通沟通，多了解了解就知道他的意图是什么
承诺性诠释	物质待遇与快速晋升	刚刚去的时候我是做总账会计，一个月以后他们就叫我做 Audit 内部的 Audit，然后也就是两三个月做内审，他们又马上叫我做一个 Credit Manager，就是专门负责客户信贷的，然后没过多久又马上提了一个 treasure 部门的一个经理
	强化学习能力	我不怕做，你叫我做什么我都做，我做而且因为事情越多，我就加快我的速度，如果你给少一点事情的话，我的速度就做得慢了
	管理风格	这方面也是我们到了外企后学到的，就是说怎么样提高工作质量，这个看法，对工作的态度，这种认识已经有一个质量上的变化了
	社会尊重感与经济地位	但我公司里的同事倒蛮尊重我的，这一点我倒觉得是一个事实
	工作意义	现在就是为了更好地生活，什么是更好的生活呢？工作与生活的平衡，自己和他人都受益

（2）释意主轴

L01 她个人的职业成长经验说明，能够去追求高等教育无疑是她人生中的重要选择，但不是偶然的决定和行为。而且单纯凭借接受高等教育所学到的知识和技能，并不能保证她取得事业成功，她之所以能够得到机会，并且能够利用机会去学习和发展自己，体现出的正是她作为个体与所处社会情境的互动与积极适应，并且在这种互动的过程中，更多地受到正面的鼓励与支持，获得学习与成长的机会，知识与经验不断积累与丰富，学习能力得到强化，认知不断地深化与明确，最终形成独具特色的工作价值取向与管理风格。图4.1展示了L01整个释意过程的主轴。

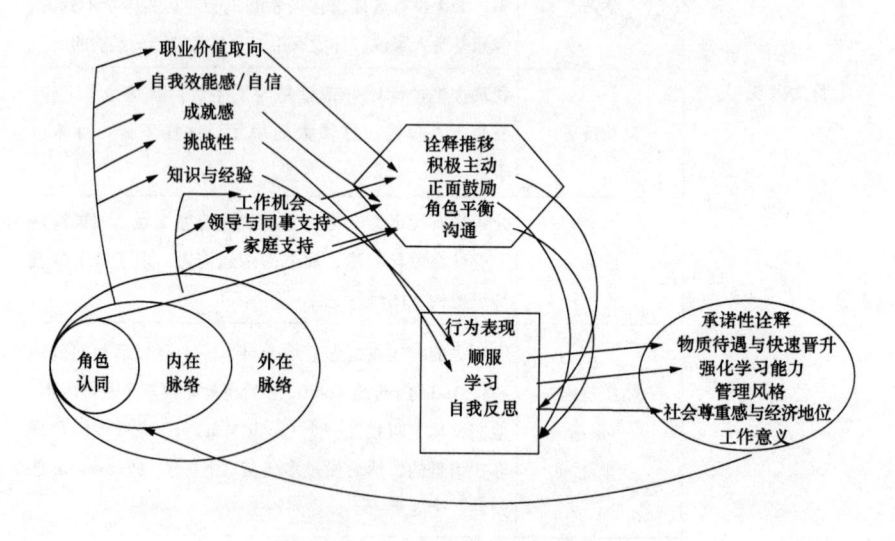

图 4.1 L01 释意过程主轴

L02 销售总监的职业成长关键事件分析

（1）释意要素

释意来源分为三大类：①身份角色的认同。从 L02 的叙述中可以看到，在工作中，她立志做行业中最棒的，对待家庭的角色，仍以丈夫为主，平衡多重角色。②个体内在脉络，从胆怯、自我效能感/自信、自尊与挑战性进行诠释。在工厂工作的十几年，除了坚持业余学习和钻研工艺业务技术外，对工厂和家庭以外的广大世界没有多少接触，也没有什么自信。L02 在成为香港公司老板业务助理后，个人潜能迅速得到发挥，很快就利用这个舞台提升了包装自己的能力，学会了做生意的过程和诀窍，把老板做生意的"绝活"学习到手，同时也越发看不惯老板损人利己的交易手段。在香港公司做业务助理给她养成了一些基本的仪容仪表习惯，而这些优势是那些一步跨入直销外企的新人所不具备的。直销行业要通过员工个人的成功案例来激励广大员工的工作热情和对个人成功的信心，"他们就像看明星那样",团队对领袖的崇拜在直销行业是一种巨大的动力和文化。这种崇拜,反过来会强化被崇拜者的自恋情结,使得自我感觉非常棒,觉得自己什么都好,"我觉得我也非常灵的"。进入外资直销公司后,规范的管理和经营之道,让她的潜能得到全方位的施展,工作业绩如同火箭上天,事业发展势头迅猛,公司决定提拔她,送她参加公司领导力和业务背景的全面培训。③外在脉络,从家庭支持、工作机会以及"玻璃天花板"进行诠释。考虑到家庭角色,去平衡职业角色。在公司工作了九年,她登上全国销售总监的位置,拿遍了公司内所有业绩的荣誉奖励,但是却无法突破个人发展的"玻璃天花板"——中国大陆管理人员没有机会进入公司管理高层。

诠释的推移:分享与鼓励进行诠释。①她一边通过和丈夫抱怨老板的行径来排解内心压抑,一边把学习心得和丈夫分享。②特别是直销行业所取得的成功,让她赢得了家人对自己的信心,丈夫的口吻早已经不再充满嘲笑,而是坚定的鼓励,"你行的,没问题的",以及理解和包容,"实在不行就回来"。这时候的夫妻关系已经完全实现了平等和相互理解,双方都能够尊重对方依照个人的志趣和抱负做出自由选择。虽然LO2身处远离家人的异地,但她从家人那里得到的全是亲情的支持。在走过了一段很艰难的日子后,她改创了公司业绩的历史,带领全体员工不断地刷新销售指标,在不到两年的时间内,把一个亏损的公司变成业内一家书写成功神话的公司。

行为表现:学习、工作投入以及角色平衡进行诠释。特别在角色平衡方面,家庭成员各自忙碌自己的事业和学业,而不注重家庭团聚和相互关心,让她在回家时感觉特别明显——没人在意自己。她组织了一个家庭会议,让家庭成员畅谈个人梦想。在畅谈中,全家人达成了相互理解,取得了重建家庭凝聚力的效果。她喜爱自己所拥有的一切——家庭和事业,觉得自己很重要,使她沉浸在自信和自恋交织的情感中,同时施展了个人的影响力。

结果表现/承诺性诠释:①从收入来说,LO2很难割舍得下自己所培植起来的直销网络,这个网络就是自己收入的保障,那时候LO2看到的主要还是短期的经济收入而不是长期的发展。②但随着丈夫收入越来越多,她的收入对家庭的贡献已经开始不重要了,她又开始重新考虑抓住可以发展自己的工作机会。工作对她的意义已经超过家庭,工作中的自我实现体验促使她决定放弃曾经对丈夫做出的承诺,她不再满足以家庭为中心。她的事业之路已经难以停下前进的脚步，她开始长远规划个人生涯发展。

表 4.3　　　　　　　　　　　　L02 释意要素

释意基本要素		种类	代表性语录
释意来源	角色认同	品牌总监	必须做她们当中最棒的一个
		妻子、母亲	做一个合格的家庭角色
	内在脉络	胆怯	他说你简直就像一个番薯，很多你都不懂的，简直太笨了，人家做生意不能用你
		自我效能感/自信	慢慢地我的能力得到了肯定，信心大增
		自尊	那时候为了赌这一口气，就是说为了做给我的老板看，我一定要做好，不能第二次退出让他失望
		挑战	当进入第二家直销公司时，就是想挑战一下自己，不料却陷入困境，是一个烂摊子，很难做出业绩来，最后还是走出来了
	外在脉络	家庭支持	你行的，没问题的
		工作机会	在香港公司做老板业务助理后，我的潜能迅速得到发挥，很快就利用这个舞台提升了包装自己的能力，学会了做生意的过程和诀窍
		"玻璃天花板"	登上全国销售总监的位置，拿遍了公司内所有业绩的荣誉奖励，但是却无法突破个人发展的"玻璃天花板"——中国大陆管理人员没有机会进入公司管理高层
诠释推移		分享	一边通过和丈夫抱怨老板的行径来排解内心压抑，一边把学习心得和丈夫分享
		鼓励	做销售的时候，只能靠业绩证明自己，艰难的时刻还是得到了老公的鼓励，去外地的那段时间，天天用电话鼓励我
		角色平衡	我先生生意也刚刚起步，我再忙事业，孩子没人照顾，很小很可怜。对女人来说，在事业和家庭，我还是想着家庭

续表

释意基本要素	种类	代表性语录
行为表现	学习	这个时候钱早就不是目标了，因为我先生非常好，他的工作非常好，还是回到我要研究这个公司，学会管理，让自己学习不一样的东西
	工作投入	一个是在工作上，非常专注，非常投入，还有对自己的生活，非常好
承诺性诠释	工作业绩	其实1992年1月我正式成为A（前家公司名称）的员工，那我做了两年是跟B（现家直销公司）现在的经销商很像的工作，两年，两年保持在前6名以内，给自己的目标，我觉得我也是非常灵的，所以别人看到我就说，那时就有人把我当作他们的楷模
	能力提升	当时就是出来以后哪怕是找一个很小的公司，但是一定是这个行业，直销行业是最能锻炼人的，会让很多人的潜力被激发出来
	工作价值取向	我的专长在销售这一块，我不要在销售这块再有人指指点点，我要实现，我脑海中自有一套东西，我要实现自己的一些东西

(2) 释意主轴

L02在讲述自我和家庭的关系时，给人的感觉就是随着事业的成功，她对家庭关系也更加富有驾驭能力，家庭生活质量也得到提高，说明直销会让女性在取得事业成功的同时，拥有更加幸福的家庭生活。可见，她的生活已经烙上了深刻的职业特征印记，她把生活的真谛和工作的价值整合和内化到一起，成为一张为企业和直销代言的"活体"名片。曾经先后54次提到"梦想"一词，如果把握她和自己梦想之间的关系，也许就握住了她走向职业发展的钥匙。她一方面专注实现自己愿望的目标；另一方面，专注于成功得手的经验，对她个人愿望不断构成强化，个人愿望成为她自我意识中最重要的组成部分。图4.2展示了L02整个释意过程的主轴。

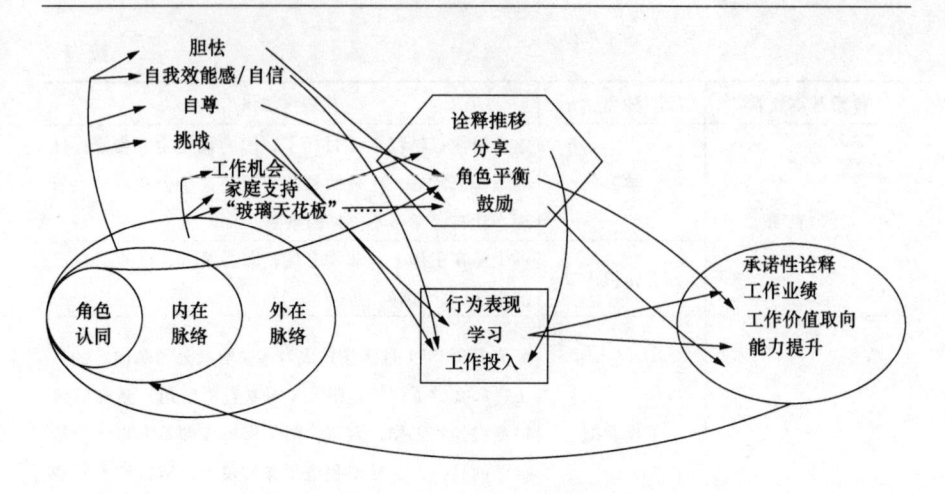

图 4.2　L02 释意过程主轴

L03 副总裁的职业成长关键事件分析

(1) 释意要素

释意来源分为三大类：①身份角色的认同。父母都是高级知识分子，童话般的教育，思想单纯，虽然有传统的思想，但是父母对自己支持。②个体内在脉络，从工作态度、自我效能感/自信、知识与经验进行诠释。③外在脉络，家庭支持、朋友支持与工作机会进行诠释。

诠释的推移：在享受快速的晋升中，不可避免地会受到身边人的排挤。在此过程中，人际关系的处理面临一定的困难，使得出现职业的"瓶颈"，选择放弃，并离开公司；与此同时，造成人为在人际关系处理方面形成"内心"抗拒。

行为表现：在原有的专业技能和工作经验的基础上，在跳槽后晋升速度非常快，每三个月就晋升一次，这与工作经验、不断学习和对机会的把握分不开。创业四年，学会反思，学到的更多，明确了自己的价值方向。L03 非常重视创业的这段经历。她认为年轻人具有创业的经历非常可贵。

结果表现/承诺性诠释：L03 认为高层管理者最为主要的是资源的整合能力。"你只有掌握了核心资源，培养出核心竞争能力，才有资格去利用社会上的资源。你必须拥有核心的东西，否则你凭什么别人被你整合呢？"同样，随着职业成长，其价值观也在从"小我"向"大我"转变，为社会带来更大的价值。

表4.4　　　　　　　　　　　　　L03 释意要素

释意基本要素		种类	代表性语录
释意来源	角色认同	品牌总监	我只选择在此进入企业就是认为我的作用能发挥得更大
		妻子、母亲	我尽量做好，要在我女儿面前树立好榜样，向我母亲学习
	内在脉络	工作态度	其实这种别人都看得很反感的，就觉得你这个人急功近利，机会就是要等，但机会来临的那个时刻，你确实不能错过。但是机会真的没有的时候呢，要心平气和
		自我效能感/自信	我肯定是能做好的，而且对我来说，做策划是我的强项
		知识与经验	我就是学这个专业的，而且有过工作经验，一下子就将品牌策划的方案写出来了，领导当时就认可了，我特别的荣耀
	外在脉络	家庭支持	我的父母还是很支持我的，至少在金钱方面不让我有顾及，父母还能帮忙照顾孩子
		工作机会	写了一个PPT，然后汇报的时候，当时第一把手党委书记说：只有这本东西才叫品牌规划。所以我当时一下子就被提拔为轻工局的后备局级干部，送到市委党校去培训
		朋友支持	最困难的时候还是向闺蜜倾诉一下，但是真正解决问题的还是靠你自己，别人只能鼓励你
诠释推移		信任	放在总经理办公室，放在企划部，想发现这个苗子做秘书，做秘书他觉得是综合能力很强的，他觉得我综合能力是行的，想放在他身边考验考验我的品质是不是一个值得信任的人
		人际关系	搞政治的嘛，搞政治很厉害的。他搞企业的不行，搞人很厉害。所以我们很快就被他们玩得处境非常艰难
		鼓励	在公司中，我的能力领导都是认可的，我呢，当时年轻特别有热情，更多地把精力放在工作上

续表

释意基本要素	种类	代表性语录
行为表现	学习	你看我自己没有结婚的时候我从来不说,整天玩啊玩啊,我基本都是看书,而且我基本都是在钻研我们这个行业的事情。就是说我一直在准备,所以机会就会莫名其妙地出现在你身边
	自我反思	如果我不出来,长期煎熬也是一种磨炼。出来其实也是一种磨炼。我创业这四年,我自己,我能反省我自己问题。就是因为我这四年,我明白了我的得失在哪里,我明白我错在哪里
	角色冲突	就我个人而言,我是觉得我自己有些冲突的,我和我老公的关系不是很好,可能是因为我发展得比他快吧,他内心有点不平衡,我们沟通得也不是很多
承诺性诠释	职业目标	所以说这几年走完以后呢,当我再有机会的时候,我觉得我不仅能飞得高,关键是能飞得久。因为我能判断什么样的风向我不能去了。那边比如说气流很大,我会掉下来。我现在通过这样的能力,我会找到一点点的智慧
	物质报酬与快速晋升	在跳槽后晋升速度非常快,每三个月就晋升一次,工作非常热情
	工作价值取向	个人的损失其实是很小的,像这样子你能发挥很大的才能,其实你会帮一个团队,或者帮一个组织创造很大的财富,这个财富是社会的,你自己能拿多少?很少的一部分,一个强者不是自己能拥有多少而是能为组织创造多少,这个组织是属于社会的,这个损失比个人来说那还大很多

(2) 释意主轴

L03的职业经历较为丰富,对于她而言,有着很强烈的成就感,对于自己的状态比较满意。驱动其职业发展最根本的动力来源于自己内心的呼唤,并多次强调自己的追求,明确自己的职业价值以及个人的心智模式。L03能够与访谈者口述许多专业化的词语,这与其受的教育和专业是分不开的。但是她并不满意目前的家庭生活,不能平衡好自己的角色,特别是与丈夫的关系。图4.3展示了L03整个释意过程的主轴。

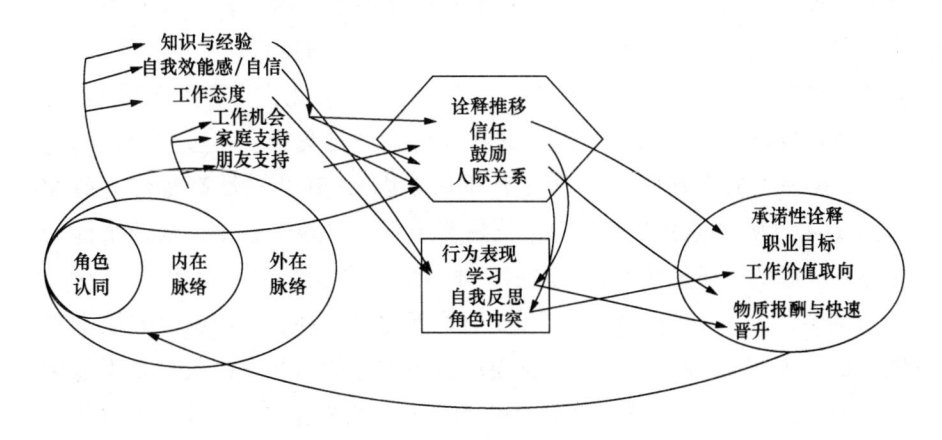

图 4.3 L03 释意过程主轴

L04 总经理的职业成长关键事件分析

(1) 释意要素

释意来源分为三大类：①身份角色的认同。L04 两份不相关的职业经历都与其家庭生活交织，在幼教的职业经历中，角色转变不大；在第二段职业生涯中，很快地调整适应角色。②个体内在脉络，从梦想、成就感、自我超越、自我效能感/自信、职业目标、乐观、知识与经验进行诠释。L04 的第一份职业是幼教，在幼教系统已经小有名气了，也被推荐为市第九届人大代表，当时只有三十出头就可以做到市人大代表，名气、创意、运气使她有了新的想法，要求超越自我，转换职业。③外在脉络，家庭支持、朋友支持与工作机会进行诠释。从小受到家庭的影响，自己身边的人多从事教育行业，父母也灌输一些传统思想："女孩子当老师就很好，有一份稳定的工作，还能照顾好家庭。"工作机会的赢得也是她积极争取的结果。

诠释的推移：善于人际交往使 L04 在幼教时期获得了较好的业绩，在第二份职业经历中也表明人际交往的能力为其公关活动产生了很大的帮助。积极主动体现在主动性学习与反思，面临困难或问题时，不是恐惧，而是分析与解决问题，展示内心积极乐观的性格特点。

行为表现：在从事幼教的这段时间里，尽管会碰到一些问题，但是均通过自己的主动学习与沟通，迎刃而解。取得了很多成绩之后，内心开始膨胀，驱使着自己挑战一下自己。这段职业经历对于 L04 而言，处于职业顺利发展的时期。第二阶段,是 L04 职业发展的低谷阶段,面临专业知识、经验缺乏,在多次面试的打击后,非常迷茫与盲目,在进行反思后,认为想做管理层不得不从基层从头学习,将自身的优势与行业结合,选择自己擅长的培训与沟通,与进入的零售行业进行契合,一边学习一边成长。"我一生从事这两个行业(老师和零售),其共同性都是和人打交道。"L04 自认为与别人不同的,就是善于学习、善于总结。这两个能力是连在一起的,通过学习才会进步,才会学到许多知识。

结果表现/承诺性诠释:在百安居发展比较顺利,在中国百安居老外做店长,L04 做副店长,L04 一直强调心态很好的,职业的成功是不能用职务来衡量的。L04 觉得工作要开心与自然,"在这个企业里觉得就像在读 MBA 一样,每天进步一点点",表明自己对从事的职业非常满意。

表 4.5　　　　　　　　　　　　L04 释意要素

释意基本要素		种类	代表性语录
释意来源	角色认同	连锁区店总经理	总经理只是个头衔,在我们店里我们更多的是以兄弟姐妹相称
		妻子、母亲	以前从事幼教时,在家和工作一样,都是照顾好孩子
	内在脉络	梦想	所以想起来我做老师的心愿是我三四岁就萌发出来的
		成就感	我就感觉到很有成就感,当然现在知道那叫成就感,当时是小孩就不知道
		挑战性	好像前面没什么人了,那接下来我就要超越我自己。那超越我自己呢,我就觉得有点难度了,因为我就觉得自己要怎样怎样的,我现在对当时的定义,不是说没人可以超越。其实是自己有点懈怠了
		职业目标	慢慢地结合我自己的优势,清晰了未来的职业目标,做培训师最适合我
		乐观	就像人生百味嘛,那不可能你百味都尝到,那这一味,至少你今天之前你没有尝过,现在尝过了就知道,原来噢,如果我蘸蘸这个东西,偶尔用那个东西来蘸可能会蛮好吃的,把负面的东西变成一个调节剂

第四章 企业女性领导者心理进阶：职业困境与突破机制的释意过程研究

续表

释意基本要素		种类	代表性语录
释意来源	内在脉络	自我效能感/自信	我当时就想现在哪个企业是朝阳企业，我就去面试，我去搞个人事部经理啊，行政部经理啊，这我还是觉得自己可以胜任的
		知识与经验	所以在幼教时，困难的就是不会看报表，用了很长时间
	外在脉络	工作机会	后来又有了很好的机会，说你可以到更大的平台去发展，现在知道遵守的这个行规是对的，平级换行是比较保险，零售行业猎头告诉我百安居会开，还在洽谈，告诉我要进去只有现在，合资成功进去的机会几乎为零
		朋友支持	我现在的工作就是朋友引荐的，早嘛，所以机会还是需要你试试的
诠释推移		积极主动	我规划好了，我有相关的背景，这一次跳槽人家不问这种问题，我把我的强的一块，与顾客关系的处理，卖场现场的管理上的经验，我很主动地推我好的部分和面试官谈，很快给我回复让我下一轮面试。不管成功不成功，不成功也是做另外一个零售大卖场
		人际关系	因为我的家庭关系搞得比较好，和家长的关系比较好，很多人愿意入园，收入自然就会很高，奖金也比较高
行为表现		学习	我就开始学习看一些相关书籍，领略其他行业的东西，也知道能力的规划层，最后我做零售大卖场，刚起步，在曲阳第一家，因为它是朝阳企业，看到报纸它在未来的中国市场将怎样发展，我在第一步萌芽状态切入进去的。什么角度切入呢？冷静下来，不能像前面自我感觉太好，应对他们的问题自己做提纲
		自我反思	接二连三的打击我就会反思，冷静下来，把回答得不是很妥帖的问题拿出来反复问自己。就想我凭什么呢？我就整合自己的能力，把自己职场需要的能力，可能是幼教里面，或别的地方也有的，共性的能力直接归纳为通用能力，我要将我的能力与企业所需的专业能力相匹配

续表

释意基本要素	种类	代表性语录
承诺性诠释	物质报酬与快速晋升	第一份职业当时做得不错，我已经做了十几年了，在我们幼教系统已经小有名气了，也被推荐为市第九届人大代表，当时我很年轻，当时只有三十出头，我可以做到市人大代表
	职业满意	我对我的两份职业都非常的满意，我觉得我做得很好了，自己也学到了很多的东西
	工作意义	现在退休了，我目前做一些心理咨询方面的工作，帮助更多的人克服心理障碍

（2）释意主轴

L04曾经从事幼教，职业发展处于巅峰的状态。认为没人可以超越她，为了满足内心的膨胀，决定挑战自己。L04在没有经过深思熟虑后，辞掉工作，在起初经受各种打击后，产生挫败感，在反思与调整后，将自身的优势与职业相匹配，寻找契合点，明确了未来的职业目标，不断地学习与反思，在工作中逐渐肯定自己，认可自己，一直把挫败感看成一种调味品——就像人生百味，展示了乐观的一面。图4.4展示了L04整个释意过程的主轴。

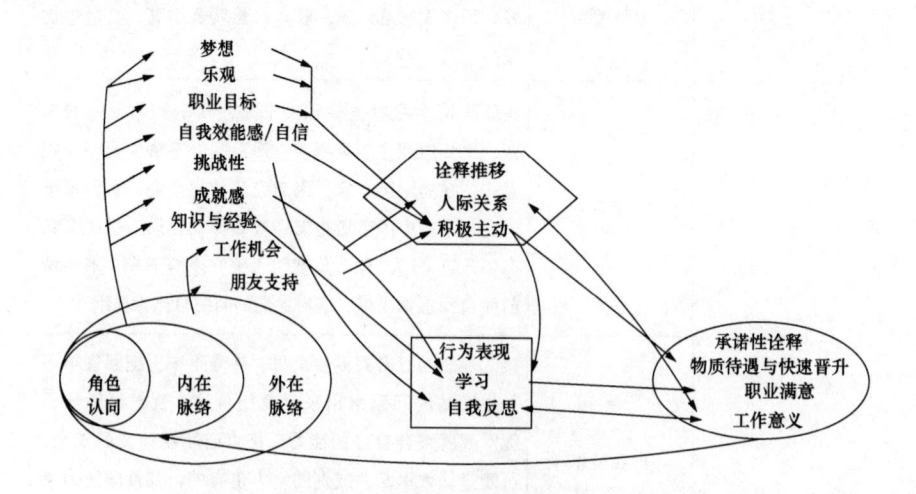

图4.4　L04释意过程主轴

以上四位女性领导者在其职业成长中，共同呈现出不断进行超越自我与主动性的特征。她们的职业发展道路并非一帆风顺，但最终都冲破了职业发展的"瓶颈"，实现从中层领导到高层领导的晋升路径。L01 经历了"文化大革命"的历练，主动学习，加上专业知识与经验的积累，三年之间使她从基层晋升到中层领导，凭借能力的提升，六年内形成独具特色的价值取向与领导风格，一跃晋升到高层领导。L02 凭借出色的业务，从一位普通的销售人员成为公司的中层领导者，但仍旧面临"玻璃天花板"，在面临这种体制性的障碍时，并没有屈服，而是选择到另一家公司，通过自己独特的领导技能让面临危机的企业重整旗鼓，赢得公司内的认可，展现了个人价值和社会价值。L03 的职业经历较为曲折，但其职业晋升的脉络较为清晰，突出表现在其从基层到中层领导中主要凭借知识与经验的积累，主动性的学习赢得许多机会，但由于人际关系，使其被迫创业，这一创业经历让她的工作价值取向发生了转变。经历了顺境与逆境的她，不断地反思与学习，心智模式不断完善，最终突破职业"瓶颈"，成为外资企业的高层领导。L04 从事的职业并没有像前三位一样连贯，但仍旧表现出自我超越，其职业经历呈现了两个峰值，第一个职业峰值发展较为顺利，与其专业知识和职业目标密不可分。在选择进入第二个职业时陷入职业的低谷，在自我反思和学习后（匹配自身的能力与价值取向），事业慢慢发展，较为顺利地成为公司的高层领导者。

2. 关系型职业成长

L05 人力资源总监的职业成长关键事件分析

（1）释意要素

释意来源分为三大类：①身份角色的认同。母亲角色的认同，母亲的榜样力量感染着女儿，内化形成了女儿的劳动态度和观念。母亲作为女性，不仅不意味着软弱和受男性照顾，反而能超越男同事成为先进工作者。②个体内在脉络，从工作态度、责任、知识与经验、危机感、工作目标、工作价值观、乐观与勤奋、挑战进行诠释。③外在脉络，从工作机会与朋友支持进行诠释。

诠释的推移：个人与外在因素的互动过程表现在，能够抓住工作机会，善于将自己的优势展现出来，面对困难时，积极主动反思后，平衡角色做出选择与放弃。这种互动的过程就体现在人际关系的处理和信任，美国公司在没看她工作表现之前，就已经认可了她，信任地把职位交给她。

行为表现：①应对劳动和困难，学习，积极进攻，赢得认可。②当被提拔成为亚太地区人力资源总监后，她和老板发生了一些矛盾，矛盾的根源在于太追求自己的工作质量和个人原则，以至于忘记了人力资源部门本身就是公司的三线服务部门，忘记了外企的管理人员要服从于公司成本和盈利的全局考虑。"一个人的人生是短暂的，你自己要学会什么时候要放弃"。③L05希望兼顾工作、家庭和个人的全方位发展，所以给自己设定了性别角色目标，这些性别角色的排序既关乎她在做出放弃选择时所考虑的重点，也关系到她在做出放弃选择时所要考虑的方面。

结果表现/承诺性诠释：她给个人设定的经济目标就是薪水上的考虑；同时，作为公司管理者，要有职业发展规划的考虑。其实，这两个目标实为合二为一，L05的自我同一性就是职业经理人，这是自己真诚相信并努力奉行的角色，这同时也是实现好母亲目标的基础，是妻子角色所要平衡的内容，是能够照顾年迈体弱父亲的经济保障。

虽然在工作上不断进步，但是在家庭关系处理中不仅不能摆脱母亲的阴影，相反，事业的成功更加剧了不被婆家认可的压抑。婆家自始至终没有人认可她，不仅她的家庭出身受到鄙视，而且她通过努力而实现人生轨迹转变也没有令婆家对她重新认识。

（2）释意主轴

L05关于服务家人的传统性别观念根深蒂固。L05这种"服务"的心态意识，产生于家庭，但是并没有囿于家庭的边界，这种对认可追求，扩散

表4.6　　　　　　　　　　　　L05释意要素

释意基本要素		种类	代表性语录
释意来源	角色认同	职业经理人	对我来讲，如果没有工作，我会是一只迷途的羔羊
		先进工作者	她一生当中太勤劳了，她也是单位里面先进工作者，一直有奖状的。她是她车间里唯一一位女性做干部的，最苦最累的活，男的都不愿意干的，100多斤纸，要一个人抱起来的，那个真的是很累
		母亲	父亲不在身边，家里所有事都是母亲做，她在我面前是不会表扬我的，一直是批评我的
	内在脉络	工作热情	我非常enjoy这种工作方式，我是非常喜欢……也是蛮辛苦的，那个时候没有车，骑自行车。冬天的时候很冷，从家骑过去要45分钟
		职业目标	其实我也有我的目标

续表

释意基本要素		种类	代表性语录
释意来源	内在脉络	寻求认可	中国人的教育就是这样,你永远是可以做得更好。我的邻居,我的老师,她经常在他们的面前表扬我,不当着我的面,我听不见,所以我就觉得怎么回事,不表扬我
		挑战性	我周围的人都是有海外工作经验的啊。相对来说有点看不起内地人,比较势利
		危机感	我这个人一定要有工作,我就不会有这种危机感
		工作态度	从小的地方做起,有的时候是很零碎的,琐碎的事情我也会去做的
		知识与经验	还有一个很重要的,毕竟我自己还是缺乏实践经验
		乐观与勤奋	首先天性要比较乐观,还要勤奋,乐观和勤奋是我要的
	外在脉络	工作机会	那个时候在某酒店,是1992年,很吃香的,所有的大学生都把它作为一个跳板,都是很厉害。我就在某酒店做了两年。这两年时间也是,和国营单位完全不一样,那个是很精彩的
		朋友支持	后来有一段时间很堕落的,后来跟我的一个朋友说,我的朋友说,你为什么自己对自己的要求这么高
诠释推移		人际关系	所以我,在公司下至清洁工扫地的、上至老板,对我在这方面,觉得我有亲和力,很爱笑的。我也不是很严肃,脸一直板着的,人家一看,你职位这么高,又这么凶
		角色冲突	因为我在生活中扮演不同的角色——我是女儿,我是母亲,我是妻子,我是我自己。然后呢,我的公司我是一个人,一个老板,但是我与婆婆的关系不好,还发生争执
		信任	我就非常气愤……那个时候既然你用了我,为什么不信任我,为什么不听我
行为表现		学习	我就觉得很好奇,就想学这个东西,想知道到底是怎么回事,行政管理到底是怎么回事,我就花了两年的时间
		自我反思	所以有这种哲学,我现在就懂了,也是潜意识的,这个东西对我是重不重要?对我重不重要,就是我刚才讲的我有很多的 role,对我来说这些 role 是重要的,如果不是重要的,我为什么要强求自己
		沟通	可能我们之间的沟通比较少吧,心里还有一些障碍

续表

释意基本要素	种类	代表性语录
承诺性诠释	物质待遇	我要有一个比较 enjoy 的工作，还有一个就是经济的收入，现在的社会嘛，我要取得经济的收入，承担我女儿以后的教育
	强化学习能力	其实没有谁跟我说要学，就冥冥中觉得要学，我还年轻。我倒不在乎我的文凭，我就在乎要有一个够深的 exposure
	管理风格	我本身是做人事的，所以人际关系要处理好，要有亲和力，才能得到更多的支持
	工作价值取向	就觉得原来只是考虑家庭、公司两块，现在考虑的我要的东西不仅仅是公司人事总监这个位置，还有生活中别人是如何看待你的

到日常社会生活和工作中对认可的追求，成为导致其专业化发展的内驱动力。从其职业成长的关键事件，可以看出在工作中有所放弃的时候，她最不能放弃的角色就是她的职业经理人社会身份。工作和家庭感受造成了她自我价值的内外不统一：在外是成功和受人尊敬的；在家却是受到轻视和排斥的。L05 所扮演的好经理、"坏"儿媳的双重角色不是自身造成的，而是自身生活经验与外界互动的结果。图 4.5 展示了 L05 女士整个释意过程的主轴。

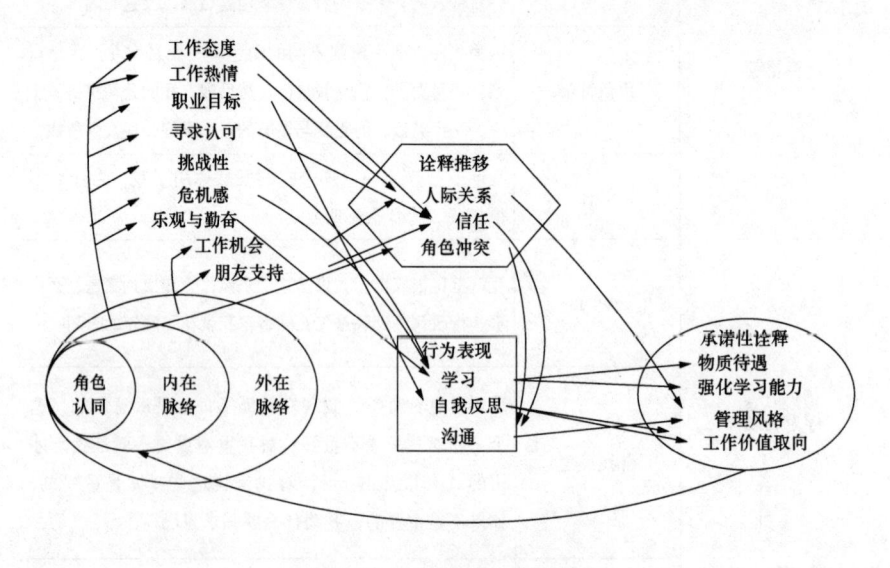

图 4.5　L05 释意过程主轴

L06 人力资源副总监的职业成长关键事件分析

（1）释意要素

释意来源分为三大类：①身份角色的认同。母亲角色的认同，母亲的榜样力量感染着女儿，内化形成了女儿的劳动态度和观念。母亲作为女性，不仅不意味着软弱和受男性照顾，反而能超越男同事成为先进工作者。②个体内在脉络，从责任感、工作价值观与工作态度进行诠释，这三个方面使得L06在经历婚姻的里程碑后有所转变。③外在脉络，从朋友支持、家庭影响和老公关爱进行诠释，家庭矛盾一直是她口述的主线，工作一度是她逃避家庭矛盾和感伤的良药，也是她寻找生活意义的场所。

诠释的推移：工作内容和职业发展的核心要素就是搞好与方方面面的关系，关系能力的发展成为L06走向独立自主的生涯发展过程中的主线。

行为表现：面对家庭关系，L06感到不安，她所采取的应对策略是保持沉默。她个人的主观意愿和情感，已经在奶奶和父亲的长期压抑下，逐渐弱化到把自己看作是无足轻重的家庭成员从而对家庭关系的变化麻木不仁，她不认为自己的感受将会对现实产生任何影响。L06一方面要忍受继母的挑衅，另一方面，要在平衡家庭关系中维持父女信任，她除了运用以前学会的策略外，比如不多管闲事、默不作声和长期忍耐外，L06因为大学生活和学习取得的成功，发展出新的应对策略：独立生活，这种影响延续到未来的工作中。

结果表现/承诺性诠释：父母离婚后，虽然父女之间的时空距离加大了，但是父亲对女儿学习和事业发展方面的要求和把握人生方向大局的关心并没有弱化，女儿对父亲的顺从习惯和心理依赖也没有减少。在L06内心中，父亲代表的是文化与社会，母女关系是个人化的、非社会化的。"对于不愉快的回忆，我是很容易忘记的"，事实上，最强烈否定不仅不是很容易忘记，反而也许正是切入理解她的经验、职业发展与身份建构的驱动力，追求在工作中释放与满足。

表 4.7　　　　　　　　　　　　　L06 释意要素

释意基本要素		种类	代表性语录
释意来源	多重角色	人力资源副总监	从大学毕业以后，就一直从事人力资源管理工作，从人事专员成长为人力资源副总监
		家庭角色边缘化	我只是觉得这个环境让我感觉我是一个很渺小的人，什么事也不能做主，我从没有想过我能做什么，或者一件事对我有什么重要性。我觉得所有的事情都是别人帮我安排好的，我的命运永远掌握在别人手里
	内在脉络	责任感	然后当时我也觉得很可怕，因为不是有很多人这样想的。我倒也不是悲观，只是没有社会责任感，没有牵挂，自从结婚以后，我觉得我开始有牵挂了
		谋生价值取向	（以前）我觉得工作是为了活着，工作是我有一个更幸福家庭的一个工具和手段，家庭是最终目的
		工作态度	要建立好各种关系，把工作做好
	外在脉络	朋友支持	一般情况下，更多的是和我的闺蜜聊一些不开心的事情
		家庭影响	我父母都很严厉，从来不表扬人的。我爸爸就更别说了，首先他是一个很冷酷的人；第二呢，他还做了这么多伤害我的事情
		老公关爱	我开始不能接受，因为我觉得这个世界上没有人会这样。他表现出了比我的父母更加死心塌地，我觉得这不可能，因为我没经历过
诠释推移		人际关系	这个部门 200 个员工，你去管，和各部门的头儿要建立良好的关系，也要知道下面的人在想些什么
行为表现		顺从与沉默	我觉得和我也没有什么太大关系，我也没有做任何反应
		独立	感觉无家可归，我就全身心投入学习，自己要独立生活
		合作与谦让	我也不追求太多，只要工作愉快和身边人关系搞好就好

续表

释意基本要素	种类	代表性语录
承诺性诠释	物质待遇	我就是要靠工作，工作给我带来朋友，给我带来快乐，给我带来成就，给我带来钱，给我带来everything
	职业价值取向	我更多的是喜欢研究人，我对人的发展有一些天生的兴趣，然后同时，我比较要上进，只有把人发展起来，这个公司才能真正进步，所以对这个组织的发展也很有兴趣

（2）释意主轴

L06的生活似乎是由一个个逻辑连贯的生活故事串成——由于缺乏家庭的关爱，导致她自立自强；"无家可归"带来了对工作的投入，也带来了事业的成功；丈夫的关爱让她克服了对男性的一贯性拒斥，最终拥有了美满的家庭生活；事业的成功和家庭的幸福让她实现了工作与生活的平衡。不幸的家庭出身助她取得事业的成功；美满的核心家庭让她工作得更有热情。图4.6展示了L06整个释意过程的主轴。

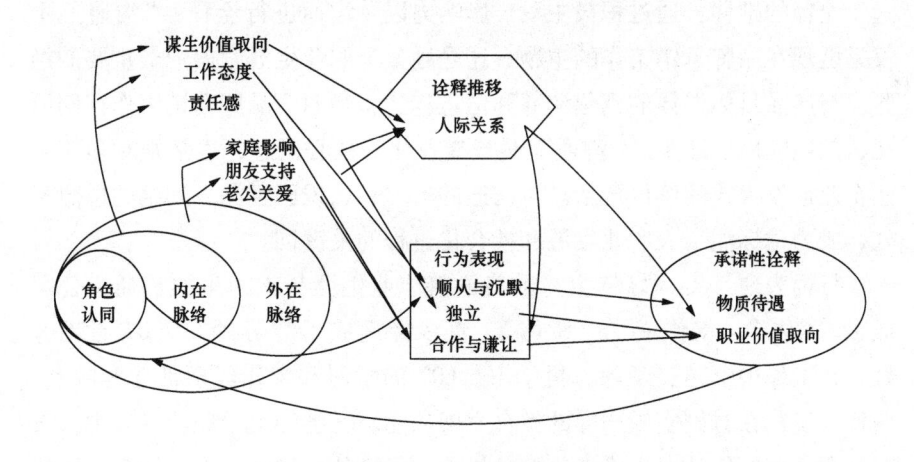

图4.6 L06释意过程主轴

L07 市场营销总监的职业成长关键事件分析

（1）释意要素

释意来源分为三大类：①身份角色的认同。她先用传统的性别刻板印象来否定自己是一个成功的女性，特别是没有男朋友，让她觉得有些失败，从而不愿启齿。投入为强势职业女性的自我满足辩护，因为外企对工作能力的认证不把个人生活考虑在内，所以有没有家庭并不妨碍她生活的主轴：工作。②个体内在脉络，从自我效能感/自信、成就感、归属感、信仰、职业目标与知识经验的积累进行诠释。她的目标虽然是外设的，但是她总能把它内化，变成自己"想要的东西"，从而产生不断的动力和信心去克服眼前的困难——这其实正是 L07 在学习过程中为争取优异成绩而勤奋刻苦的写照和这种学习习惯的自然延续。当她用努力换来成功的时候，一方面加强了自己的自信，另一方面更加笃信家训。这种学习习惯在工作中照样适用。作为学无止境的好学生，学习就是自己的主业，是生活的主题，是没有尽头的努力；目标必须是清晰的，每一阶段的学习任务都得圆满完成，才能预备和进入下一阶段的发展。学海无涯的惯性转化为工作无边界的模式。③外在脉络，从职业导师与工作机会进行诠释。客观上，L07 不仅遇到了很优秀的老板，像老师一样给她指导和发展机会。而且拥有一群背景经历相似的同事成为朋友，聚会时谈论的都是与工作相关的话题，成了学习水平相当的学生之间的经验和感触交流会。

诠释的推移：通过积极主动、影响力以及沟通进行诠释。"沟通"不仅是她现在品牌营销工作的主题，还是她整个职业生涯发展中最重要的经验。与产品目标群体的到位沟通和信息传达，是 L07 品牌营销工作精髓所在，是她的成功法宝。"沟通"是她专业化的核心概念，也是她对多年商业企业运作模式的体悟概括。对沟通的追求和认识已经深入到她的思想深处，成为她标注个人职业发展和社会化过程的关键词。

行为表现：①"好学生"的身份将职业生涯与求学生涯贯通，公司成了"学校"，工作成了"学习"，直线经理成了"导师"。L07 心无旁骛，在工作中学习，学习，再学习。L07 的学习和工作经历都非常顺利，两种环境都在对她实施同样的教育发展功能。②她的整个职业发展中，没有想要退缩的挣扎，也没有失败的经历，无论什么样的工作，她都能以目标为导向，克服困难，马到成功。

结果表现/承诺性诠释：在中德合资公司做翻译的两年，可以说把她带入了外企的工作圈，使她在大学毕业刚踏入社会就进入了现代企业制度较完善、工作标准较高的职业发展轨道。让她站在和一些敬业又专业的国外管理者共事的高起点上，让她不仅习惯了外企的工作节奏，而且可以不断学习先进的工作方式和管理理念。好的开头,是成功的一半,她的起点对后来两个阶段的发展起了关键作用。在第二家公司的六年,她得到尝试多种工作的机会,并都尽全力成功完成了任务,使自己的潜能得到广泛的开掘,并最终确立了自己的生涯发展方向。作为专业管理人员进入第三家公司,并实现专业能力和管理能力双重提升的七年。作为一名外企的专业管理人员,她正在逐步走向成熟,并确立了更高的管理发展目标。

表 4.8　　　　　　　　　　L07 释意要素

释意基本要素		种类	代表性语录
释意来源	角色无边界	品牌总监	所以从 2003 年开始吧,我就一直做这个果汁种类的品牌总监,就一直做到现在
		优秀的"学生"	尽我的力气读好了,但是,就是在大学里边成绩特别好,然后连续四年都是校级奖学金,三好学生
	内在脉络	成就感	我自己挺享受这种工作的成就感的,觉得这个呢,反正往大处说就是能够证明自己的能力的一种方式
		自我效能感/自信	我付出努力了,然后我又不是很笨,我相信我能够达到我想要的这个东西,达到我的目标,所以也就这样一路下来了
		归属感	其实我不知道是叫一种安全感还是叫什么,我就是觉得如果我不工作的话呢,其实我也不知道自己做什么
		职业目标	其实呢 Marketing 我觉得还是有很多的空间可以让我发展,然后中长期来讲我自己的想法就是 General Manager,就算更上一层的 General Manager 管理,因为更高一层吧,就是一个全职
		信仰	所以他们(基督徒)有些非常好的 quality,而且他们的内心是非常充实的,非常平静,他们觉得我不管是经历什么东西,不管是富裕的时候,不管是贫穷的时候,我生病的时候,我健康的时候,我心里边有一种东西在支撑着我,我觉得这个是我非常感动的
		知识与经验	你经历的多了,经验肯定比较丰富了,所以我会不断地学习

续表

释意基本要素		种类	代表性语录
释意来源	外在脉络	朋友支持	然后他们到现在在北方很成功,都是在不同的公司做到主管啊,高级经理呀这个位置,所以有时候在一起吧,也是有挺多东西,因为背景都差不多,所以你不管在一起诉苦啊,还是在一起快乐或者彼此想什么办法呀,都能谈到一起,是这样
		工作机会	因为刚工作的时候自己就是一张白纸,然后你接触到这些东西,一路就是这样的,都是一些非常好的一些国外大公司
		职业导师	打我从大学毕业后的第一个经理,一直到现在,我觉得每个经理都是非常优秀的,就是中间你没有走什么弯路
诠释推移		积极主动	只要是努力,只要不那么笨,你就会发展,自己走得很快
		影响力	但是另一方面,你亲身经历的,你的 line manager 是怎么来培训你的,然后是怎么来发展你的,你会不知不觉地运用到你自己的工作里边
		鼓励	然后就是一个非常严谨的工作风格,这种工作风格就是他对你要求严,他对自己也要求严;但是另一方面呢,他又是非常鼓励你,然后又允许你犯错误,又允许你成长
行为表现		学习	明明这个东西你做得挺好的,可是你不以一种非常好的方式说出来,那真的别人不知道这个东西原来是你做的,所以我觉得我到了这个西方的这个公司之后呢,这方面也是在有意地培养自己
		沟通	沟通是一个生意里边最核心的一个部分,也是我认为比较擅长的方面
		坚持	我这个人其实不太容易放弃一件东西,比如说尽管是比较辛苦,或者是说短期内会有一些困难,但是如果我觉得我经历这个困难能够有助于我完成……能达到我的目的,达到了我的目标的话,我觉得这个过程这个困难,我觉得我不介意

续表

释意基本要素	种类	代表性语录
承诺性诠释	工作业绩	我们还是要靠业绩说话,我的业绩比较满意
	目标导向	这个目标达成了之后,我会继续下一阶段的任务目标,不断激励自己
	能力提升	我对自己的看法呢就是我不可以在一个工作上做太多的时间,我觉得我在这个工作做了一年两年之后,我证明了我自己,我就想往下一步走
	职业满意	我自己认为啊,其实一个成功,成功也是生活,工作是你的一部分,但是还有一部分包括你的家庭呀,你的婚姻呀,我觉得这方面我不能算是成功,因为直到现在我还是单身

（2）释意主轴

L07 通过学习和工作创造了一个外在的自我,学校和公司都是她外在自我的承载体。外在自我得到内在自我不遗余力的支持,L07 把外在自我等同于完全的自我。她通过学习和工作感受并建立自己和外界社会的关系,学习和工作的收获直接影响着她对社会生活的感悟和个人行为的反思。图 4.7 展示了 L07 整个释意过程的主轴。

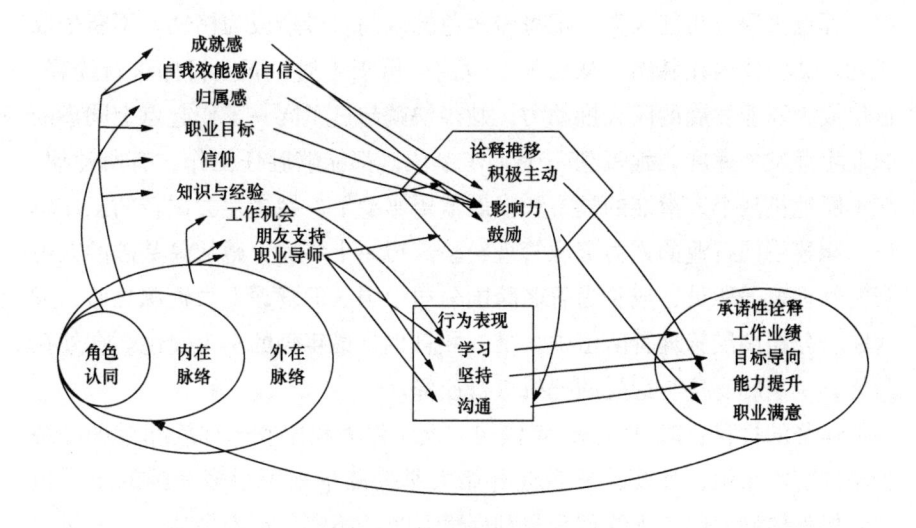

图 4.7 L07 释意过程主轴

通过对不同职业的女性领导者的访谈，发现从事人力资源的女性非常注重人际关系，人际关系成为她们事业发展的核心话题，因此，本书将此概括为关系型职业成长。L05 最初职业机会的获得正是由于她擅长人际关系的维护，尽管没有专业的知识与经验，但获得领导的信任与支持，成为中层领导者，工作能力的提升以及领导的信任与支持，顺利发展为公司的高层，自我效能感和职业角色的认同不断得到强化。正是由于这种强化作用，发生了角色的冲突，人际关系的紧张也让她面临难题，最后选择放弃"自我"的部分，缓和关系。L06 由于家庭中人际关系的不协调，促使她将注意力转向工作中，注重培养自己的人际交往技能，在完成本职工作的同时，赢得了公司同事和领导的认可，成为公司的高层领导，职业发展较为顺利，同时自己的婚姻家庭美满幸福。L07 不仅遇到了很优秀的老板，像老师一样给她指导和发展机会，而且拥有一群背景经历相似的同事成为朋友，聚会时谈论的都是与工作相关的话题，成了学习水平相当的学生之间的经验和感触交流会。她通过学习和工作感受并建立自己和外界社会的关系，学习和工作的收获直接影响着她对社会生活的感悟和个人行为的反思。

3. 精英型职业成长

L08 人力资源总监的职业成长关键事件分析

（1）释意要素

释意来源分为三大类：①身份角色的认同。母亲成为榜样，不断争取成功。②个体内在脉络，从勇气、自信、勇于挑战、职业目标进行诠释，自信成为职业发展的巨大推动力。她很快就超过了同一工作起点上同事的职业生涯发展速度。她每到一个工作单位，都能够胜任工作，有所建树。在不断地挑战个人潜能的学习和发展欲望驱动下，她接连尝试新的工作单位，积累不同行业的人力资源管理经验。短短十年间，她从最基础的人力资源管理普通职员，成长为著名跨国公司中国区的资深人力资源总监，成为跻身公司高层管理者队伍中，唯一并且也是最年轻的本土女性。③外在脉络，从家庭支持与遭受的挫折进行诠释。

诠释的推移：20 世纪 90 年代初，上海作为我国改革开放和市场经济转型的前沿重镇，外商投资企业开始大举登陆带来了很多新鲜的工作机会，但是体制外的人事管理和福利保障系统既不完善也不规范。一向努力工作寻求结果的 L08 在这种混乱的人事制度管理中，以出色的工作成绩落得两度失业的结果,经济上和精神上都蒙受重创。

行为表现:自己重新找工作时的不顾一切,韧性,越挫越勇、不断增强的反弹力。L08 将公司化管理模式应用于家庭生活中,儿子是员工,丈夫是副手。一方面管理自己的事业,另一方面管理自己的家庭,家外与家里两个公司,她无须转换角色,无须改变思维模式。

结果表现/承诺性诠释:①她采取行动之前,总要合计一下"胜算"的把握。这种强烈的"行必果"的结果导向意识,表现出她对成功的极度渴望。②她在目标导向的行为模式下发展出了短期定位,快速达标的职业发展策略。她平均每隔两三年,就要换一个工作单位。而且每次都是她成功地取得让管理层和同事满意的工作业绩,把工作理顺了而采取主动换到另外一家充满挑战的公司。③在最短的时间内,集中精力解决好公司存在的问题,从而为公司最大限度地创造经济效益产生了浓厚的兴趣并发展成为自己的专长。④一方面,有压力的工作可以让她感觉被需要,而充满安全感和成就感,可以让她远离曾经的失败和挫折。另一方面,困难和成功是成正比的,克服越大的困难,就意味着越容易取得成功。

表 4.9　　　　　　　　　　　L08 释意要素

释意基本要素		种类	代表性语录
释意来源	角色认同	职业经理人	career 的这条线和你的 personal life 的这条线对我来讲从来都是并举的……家庭和工作你都要去抓
		母亲的榜样	她让我感到光荣,感到很有面子,所以她的行为就成为我潜移默化的一种榜样,我要很有风度,要很有宽容
	内在脉络	勇气	其实问题在于你不敢克服你自己,其实面子是没有什么的。真是不知道其实你这种恐惧是来自于你自己的,不是别人要吓你,是你自己吓自己,你就会裹足不前……很多次这样的经验
		自我效能感/自信	又要照顾儿子,又要找工作,反正当时,压力很大,那段时间是最难过的。但是有两个信念,一个是我相信我不会差,另一个是坚信我一定能给我儿子最好的

续表

释意基本要素		种类	代表性语录
释意来源	内在脉络	挑战性	所以我觉得这家公司目前这个职位对我来说是最佳的，不是在 challenge 你的 idea，不是在 challenge 你的 strategy，而是你的……这个当然是需要
		职业目标	我总是在不断地给自己设定某个时期想要达到的目标
		知识与经验	平均每隔两三年，就要换一个工作单位，积累了很多的工作经验
	外在脉络	工作挫折	前期我每次换工作，都是因为这个关系没弄好，搞得我乱七八糟，我都吃亏吃大了，我又没工作了，这不就是市场运作的不成熟给我带来的不必要的这种困难，对不对
		家庭支持	我之所以能够往前冲，还有一个基本的很潜在的因素，我的家庭和父母一直给我一个很安全的最低限度的保障
诠释推移		积极主动	后期是取得了让管理层和同事满意的工作业绩，把工作理顺了而主动换到另外一家充满挑战的公司
		坦诚	当时我也很吃惊，也很失望，我觉得就是说，既然已经做了那么久，而且你也认同，你怎么就那么没信用呢
行为表现		独立	我妈是一个很独立的人，她给我的观念呢，就是第一，女孩呢，就是得靠自己，你不能指望父母；也不能指望，说是以后嫁个老公啊，改善生活。这一点，我记不得是从什么时候开始，我自己得到这种观念确实非常根深蒂固
		坚持	那时候是夏天，有人才夜市。那时候下着大暴雨，我一定要坚持出去
		角色协同	我会将管理公司的方法带到家庭生活中，我认为是通用的，而且现在我的家庭状况很好，不需要刻意地转换角色
承诺性诠释		职业满意	我觉得钱也好，挑战也好，工作的满意度也好，这些都是连在一起的，因为它一定是如果钱往上走，那一起往上走……那一起往上走，没有说你拿很多钱，又很舒服的。一定是很多钱，然后很困难，你必定会挣到很多钱，都是相互关联的

续表

释意基本要素	种类	代表性语录
承诺性诠释	提高自信	我之所以今天越来越自信,因为你每一次自信,最后的结果是你都成功了,你越成功你就越自信
	结果导向	我会看这个事情成功的概率有多大,我付出多少的努力,会有多大的回报,或者说有多大的结果,一定要有个胜算在那里,才能够,才会去take action
	职业专长	在最短的时间内,集中解决好公司存在的问题,最大限度地创造经济效益,产生了浓厚的兴趣并发展成为自己的专长
	物质性报酬	我记得大概在1992年,一年以后,我正在很得意自己的成果的时候,(第一家外企公司)老板也给我奖金了,薪水也比以前好了很多

(2) 释意主轴

L08 对成功的追求来源于对母亲事业成功和行为方式的心理认同,当 L08 也以成功职业女性的标准来要求自己的时候,她认定母亲就是这么经历的。能够支撑 L08 走出失业和失聪双重打击和困境的正是这种成功职业女性的自居心理。由于母亲一直是"做头儿的",所以她也一定要不断挑战自己,成为人力资源管理专业圈中最优秀的一员。图 4.7 展示了 L08 整个释意过程的主轴。

L09 公司综合管理层副总裁的职业成长关键事件分析

(1) 释意要素

释意来源分为三大类:①身份角色的认同。L09 的父母都是全国著名的高等学府专家教授和领导干部,她从小就是在这样一种严格优秀的环境中学习和成长,使她习惯于追求卓越和精益求精。②个体内在脉络,从工作价值观、精英主义、使命感和责任进行诠释。个人成长始终伴随着价值观的形成:使命感、精英与理想、社会责任。她对自己的工作在忠诚之余,有一种深深的认同感。她两次提到"使命感"一词,并具体进一步说明自己"使命感"的两大内涵:一是可以帮助需要帮助的人,二是环境保护。③外在脉络,来自父母的感染、要求和周围环境的影响,L09 成长为精英团体中的精英分子。

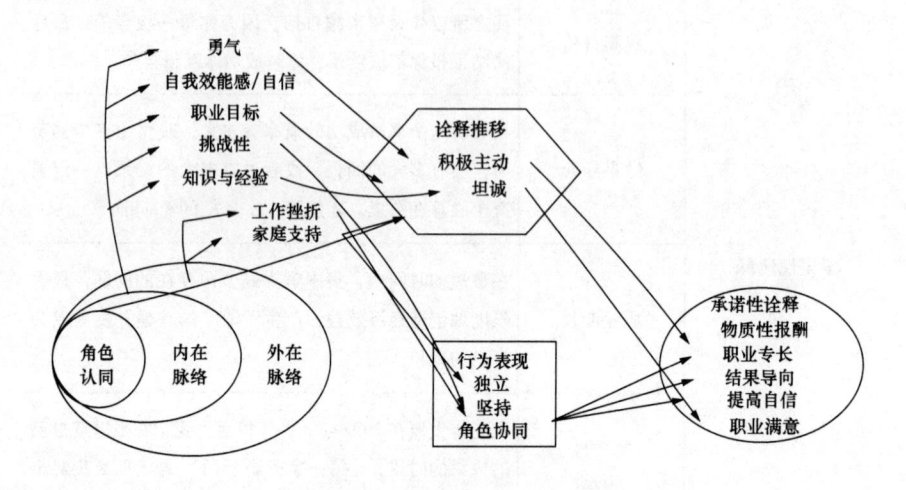

图 4.8 L08 释意过程主轴

诠释的推移:这样一个家庭出身可能使她想当然地对家庭成员要求很高——她习惯了精英集合的家庭生活氛围,她享受从这样的家庭所得到的进取动力。同时,将这种熏陶带入到工作之中,通过示范效应鼓励身边人共同参与。

行为表现:在她的生涯发展中,她的职业同一性和自我同一性是一致的,也就是说,她可以把自己的做事标准、使命感和价值观自如和自由地融合,即便是在公司内部发生"政变",她也能够坚强而镇定地应对,带领员工和公司业务向前发展。

结果表现/承诺性诠释:她那种对员工成长的责任感,并不是从她开始管理工作才开始,而是早在她童年和青少年所成长的××大学这个教书育人的环境中就开始了。她向来就怀有帮助别人成长的远大抱负,当这种理想抱负与企业管理人员的职责相结合,很自然就会发展成为一种行动。"精英主义"伴随 L09 从小到大,成为她深信不疑的信念和自我意识——除了认可自己的优秀并对自己的能力自信以外,还必须和他人在人格平等的基础上为社会做更多的贡献。

表 4.10　　　　　　　　　　　　L09 释意要素

释意基本要素		种类	代表性语录
释意来源	角色认同	精英	父母都是全国著名的高等学府专家教授和领导干部，我从小是属于在精英这样一个环境中长大的，所以我不需要证明自己说，"哎哟，我还不错的什么。"
	内在脉络	工作价值取向	我觉得工作是有意义的，我工作是在帮助人，而且我工作我自己也已经在成长，我真是这么有激情的
		使命感	我对工作就是充满激情，我很喜欢工作的，而且我对工作有使命感
		责任	我们同学还有另外一个特点，就是大家都比较有一些社会责任感
		精英主义	你感觉到的"成功"或者说"努力"，就还不叫"成功"，还不叫"努力"，就是成功是应该的——就不能说你考试考了 100 分就有什么了不起，这是应该的；你做得不好是不应该的
	外在脉络	家庭影响	环境很简单，就是没有什么，但是呢让我觉得，对我来讲，一直提到这个环境的影响特别大，所以我觉得对我来讲，最大的一个人生的一个收获就是谦虚
		同学影响	直到现在，我们也跟周围的同学在一起聚会，我觉得我们在一起的区别跟别人就还是有些的，就是都是比较理想主义的
诠译推移		示范	环保意识啊，反正一大堆东西，每次跟他们不厌其烦地在讲，我也以身作则
		角色无边界	我觉得我们应该是这样子的，我们应该 会……那我……所以可能我也是把工作内化了
		鼓励	我也跟我们同事也讲，希望公司因为你们的存在，比如你们来这工作一天、一个月、一年、两年、三年，因为有你们，公司真的感觉到你们的贡献，就是公司因你而不同
行为表现		坚持	我现在在这个工作中呢，挖我的人真的是很多的，我是一点都不动心，意思是人家会觉得，"哎呀，你对组织这么忠诚啊，你够忠诚"，我说，"不是我忠诚，我到哪都这么忠诚。"

续表

释意基本要素	种类	代表性语录
行为表现	工作投入	不过目前是跟我从小这个教育环境联系更稍微近一些，所以我觉得我做得特别起劲
承诺性诠释	员工成长	我想就算以后有些人依然会离开我们，他只要在这里有成长，我觉得这是我作为一个管理人员应该尽的一个责任
	工作意义	（以后）我们这个公司钱越赚越多啊，可能会做一些真正就我自己——我不说是一种理想吧，我自己感兴趣的两件事情：一个是那个贫困地区儿童的教育，还有环保这两块

（2）释意主轴

家庭和学校教育为 L09 心灵上烙上了两种迥然不同的印记——一种是社会责任感和高标准要求下对完成学习和工作任务的动力和压力；另一种则是知识分子所崇尚和追求的心灵和精神自由。这两种烙印使得 L09 把工作和个人生活清晰地一分为二。尽管二者对于同一个经验主体不可能完全分离，只能存在错综交织的相互联系。于是她在个人需要与社会环境条件相调节的时候，不必经历痛苦的适应或者改变过程，而是如水到渠成一般自然和流畅。她本身就是一个在学习和工作环境中都表现非常出色的人，她又有心愿和能力去要求和支持他人的学习和发展。她的职业生涯发展，所揭示的其实就是个人成长和价值观形成过程。图 4.9 展示了 L09 整个释意过程的主轴。

L10 外资企业产品线总监的职业成长关键事件分析

（1）释意要素

释意来源分为三大类：①身份角色的认同。在职业选择的过程中，逐渐清晰，由于内心深入的精英角色认同，让 L10 在选择行业以及工作过程中，都是高标准地要求自己，已形成对此角色的融入。②个体内在脉络，从工作价值取向、责任、挑战性、自我效能感/自信、知识与经验进行诠释。工作价值观的追求，精神方面和身体健康方面选择离开科尔尼。选择康宁是因为是增长性的行业，行业的"领头羊"，公司中的人员都是精英，自己的技能和经验能够更好地发挥，自己内心深处有了明确的职业晋升路径。反映了 L10 选择的是富有挑战的工作，这样更有利于她的成长。在此过程中，虽然项目不同遇到各种困难，但她都坚持下来了，责任心驱使 L10 完成目标。③外在脉络，家庭支持与工作氛围进行诠释。提到了多元性文化与培训帮助相对的一些弱势群体能够在公司得到公平的机会和成长。

诠释的推移：家庭环境影响个人成长的行为习惯，她母亲是一位中学老师，职业的敬业精神影响着 L10。尽管她接手的每个项目都具有挑战性和困难，但最终还是坚持完成了，受到领导的认可与鼓励。

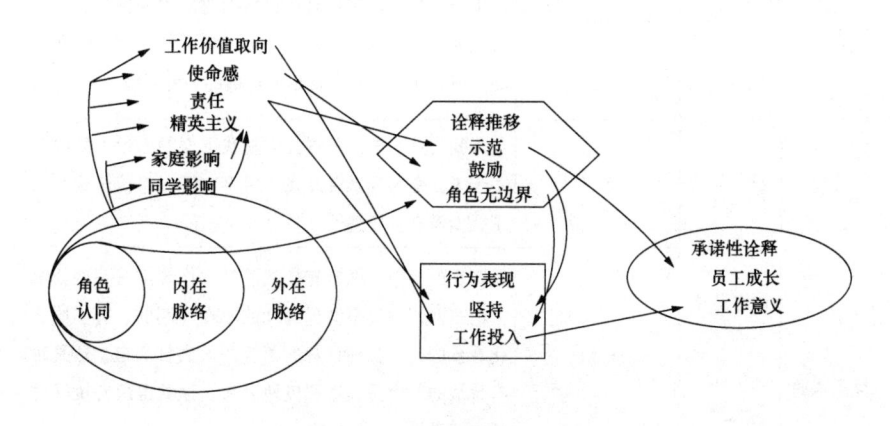

图 4.9　L09 释意过程主轴

行为表现：L10 认为对于自己的职业发展没有很长远的职业目标，但是首先是踏实地将自己的本职工作做好，能力达到了，自然就会有发展了。感谢自己的每一位导师，双方都真诚地对待，并能够相互学习。随着自己生活的变化，注重工作与生活的平衡，选择康宁公司，这段时间内的职业成长，让 L10 在工作和家庭生活中获益匪浅。

结果表现/承诺性诠释：在工作的四年中，自信得到了提升，"最大的改变是变得比较自信，你知道你是有能力去独立地完成一些事情的。"在第二份的职业经历中，公司内每两年的岗位经历，让 L10 的能力得到了提升，平衡各种关系以及角色，在第二次生育之后，并没有阻碍其发展，其组织中并不存在所谓的"玻璃天花板"障碍。除此之外，为组织带来的贡献体现在员工培养方面，充分展示了员工与组织的共同成长的氛围。

表 4.11　　　　　　　　　　　L10 释意要素

释意基本要素		种类	代表性语录
释意来源	角色认同	产品线总监	我觉得对行业的选择是很重要的……你以后所共事的这些人也是在这个行业中比较优秀的
		榜样力量	你本身的努力和奋斗，对孩子来说也是一个榜样，我们家是儿子，尤其是有女儿的家庭就更不一样了
	内在脉络	谋生价值取向	刚毕业的时候，对于我来说，钱也是很重要的，做这份工作，我可以在相对比较短的时间内还掉房贷，而其他人可能要花比我多到一倍或者两倍三倍的时间才能完成，所以，我觉得也是挺值的一件事情
		责任	如果我为这个事情负责，但是我下面的人说不舒服就不干了，那对我来讲，我以后再也不会想信任这个人了，太没有责任感了
		挑战性	我现在的工作，就挺有挑战性的，你要学习一些技术上的东西，你要跟世界各地的不在一起的，有不同文化背景的，有各种口音的语言的人去打交道，这是很有挑战的，但是，你积极地思考，你觉得最有挑战的地方就是你成长的地方
		自我效能感/自信	我的自信心也在不断提升，不过还是要以能胜任为前提
		知识与经验	我当时是战略与业务谈判经理，这个工作可以很好地用到我在咨询公司里所学的技能和经验
	外在脉络	工作氛围	在咨询公司的工作氛围内，同事工作生活基本都在一起，我们之间的关系特别好特别亲密，当时也非常享受这样的工作环境。有一群与自己一样的人在身边，我感觉很开心
		领导同事支持	大家也会一起去吃饭或者听音乐会，也会互相串门，这种由于工作的关系而形成的友谊是特别牢固的，我离开已经六年半了，现在的话，我们同事之间的关系还是特别密切的

续表

释意基本要素	种类	代表性语录
诠释推移	角色平衡	它那种公司环境是适合年轻人去学习和奋斗的，但是它不能给你提供一个生活和工作的平衡，我觉得，从年龄上讲，觉得家庭方面有一些新的计划了，有工作和生活更好的平衡的方式，所以就考虑到企业里面来发展
	鼓励	等项目坚持过去之后，客户也挺满意的，领导也挺开心的，然后一表扬你……而且，一般一个项目完了之后呢，也会有一些休息的时间，然后就忘记了，又重新开始，反正那一关已经过去了，痛苦也已经忘记了，然后就再开始下一个项目，直到再决定再痛苦
行为表现	学习	就想办法去问人，去找很多资料来看，然后跟自己的领导去请教，但是整个过程其实是非常痛苦的，因为你需要在很短的时间里去搞明白一个东西，但是又没有那么容易，因为你所接触的专家其实也就比我了解得多一点，也不是很懂
	坚持	虽然可能会满心想着如果当时能不做这个项目就好了，但也是知道其实是没有选择的，必须硬着头皮撑下去
	沟通	交流比较多，就是在这样的交流中，你会发现她对这样的事情会有什么样的评判
承诺性诠释	员工成长	我自己招进来的人现在也发展得很好，这一点还是很欣慰的
	能力提升	最大的改变是变得比较自信，你知道你是有能力去独立地完成一些事情的
	工作意义	可以通过自己的努力帮助客户解决一些很重要的问题，为他们提供一些他们也认为有价值的东西，可能会为企业带去更大的价值

（2）释意主轴

L10 的职业成长相对来说比较顺利，从三个方面归纳为：第一方面，个人方面的特质,包括自律、按规则来办事、有条理、注重细节、善于倾听和沟通、快速学习能力等;第二方面,家庭的教育,个人的成长过程潜移默化地传导某种价值观的形成;第三方面,组织方面,一种包容性的文化,公平平等的规则,包容性的文化,尤其是种族、移民、性别或者是家庭结构都能够包容。个人与职业发展的显著特征:工作努力、责任心强、自律(规则性强、纪律性强)、有条理、注意细节、善于倾听和沟通。图4.9 展示了 L10 整个释意过程的主轴。

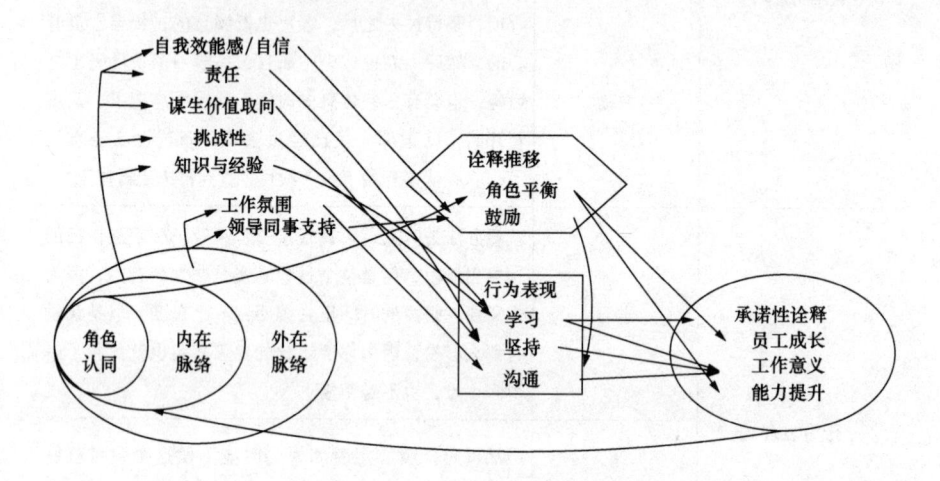

图 4.10　L10 释意过程主轴

三位女性领导者虽然从事着不同职业,但她们的职业成长模式突出表现为精英模式,高标准地要求自己成为精英的一员,并且更快地成长为女性高层领导者。在 L08 职业陈述中,更多的是如何克服逆境,以及在这种境况之下,自己是如何成长的,正如她所描述的"越挫越勇",不断挑战自己,成为人力资源管理专业圈中最优秀的一员。而 L09 是典型的精英模式的教育,同样也以这种要求影响着自己的员工,这种惯性的精英模式,让她认为取得目前在公司的高层领导地位是自然的和应当的。L10 从内心深处一直培养自己成为精英中的一员,所以不断地学习成为她习惯性的行为,每项工作尽可能尽善尽美地完成,在她职业成长的起初阶段领悟到个人价值的体现,因此,在后期的职业发展中,通过识别自身能力,从而与目标公司的匹配,出色地完成工作任务,6 年内顺利实现由中层领导成长为公司的高层领导。

第四章 企业女性领导者心理进阶：职业困境与突破机制的释意过程研究

4. 竞争型职业成长

L11 公司综合管理层副总经理的职业成长关键事件分析

（1）释意要素

释意来源分为三大类：①身份角色的认同。通过比较来建立自我认知和对社会现实的认识，并形成特定的意义获取方式。②个体内在脉络，从竞争心理、责任心和角色期望进行诠释。无论是拥有外企工作经历，还是单单前来学习管理的国人，可能都不能摆脱和别人比较又不轻易服输的心理。成年以后一直比周围人优秀的经验，都在促使她形成某种优势情结和求胜的思维习惯。③外在脉络，从领导认可和工作机会进行诠释。与前任比较——她所带领的团队只能也必须比前任做得好。而且后者给她带来的快乐和意义非常持久，她对自己所取得的成绩，非常受用，至今念念不忘，"老板特别开心，前两天，我回北京，他还说，现在还拿你说呢——那些人找借口，现在就没的找了呀！"

诠释的推移：①善于沟通和学习，特别是销售领域的上司，很快就从上司那里领悟了销售要领。②随着互联网泡沫的破灭，她进入一家培训咨询公司，工作业绩斐然。L11 对这份工作以及成功的理解——总经理没能力做好的销售提成核算模型，她做好了；香港总部派来的其他副总都不能适应或者不能胜任工作而被总经理罢免，独有她得以"存活"，"我能活下来很不容易"。还体现出了 L11 的成功策略——与总经理"配合"，"求同存异"。总经理是"自己创业的"企业家，而 L11 自认为是职业经理人，二者不属于同类群体，不具有可比性；而香港总部派来的副总也是职业经理人，所以可比。第一项比试，就在于能否得到总经理认可，从而在公司立足。她采取和总经理配合的策略，构筑起她在复杂的公司政治中立足的根基。

行为表现：竞争中学习与反思进行诠释。L11 大学住校生活，使她有机会观察其他同学的学习方法，她很快就发现自己的不足，并且立即向别人学习。在学习方法学到手，取得比同班同学好的考试成绩后，L11 对学业并没有进一步去设立更高和更远的目标。她做事的标准就停留在比周围人好就可以了，她容易因在小范围的同辈群体中获得"胜利"而满足。因而，她对待学习和工作方法更像在寻找和采用捷径，只求在所处的小范围内胜出。

结果表现/承诺性诠释：①把超过同事作为志在必得的奋斗目标，达成目标总在添加她的自信和自我激励力量。由于业绩超过前任，把自己定位为成功人士，既而开始对争取更高的职位和更大的成功而摩拳擦掌。因此，她选择离开培训咨询公司部门经理的职位，加入合资公司，坐上了副总经理的高管交椅。②L11不懈追求的目标和动力——孝心责任和社会地位。她去澳洲的选择以及到了澳洲以后承受压力的来源就是希望自己有朝一日可以光宗耀祖，风风光光地孝敬父母。而且，这也是父母的殷切期待。

表4.12　　　　　　　　　　L11的释意要素

释意基本要素		种类	代表性语录
释意来源	角色认同	佼佼者	由于从小养成的好胜心理，我就认为自己不能比别人差，别人能做好事情，我也能做得更好
		父亲的期望	父亲最喜欢我嘛，老说，到时候有出息，让他们享福啊
	内在脉络	竞争心理	我性格上从小就像男孩子，这没办法，反正从上学开始，就是竞技。那么，反正什么都是好强，有点儿太好强了可能
		责任心	一定要尽最大的努力，证明自己是可以的，不仅是工作必须要完成目标，那也是你的工作职责
		角色期望	我对我的要求如此，对待我身边的人也是一样的，别人的老公当……我就想我的老公也应该谋个职位
	外在脉络	领导认可	老板总是很开心地说，看到你，现在别人就找不到做不好的借口了
		工作机会	我学过日语，做过旅行社，又会英文，挺运气的，然后老板挺喜欢我，就给我办工作签证，真的是挺运气的……那么中国人真的聪明，真的是聪明，那么就是我第一份正经的工作，那我觉得干得还挺好的
基本要求		迎合领导	到处说我很能干，（她的名字）行，因为我是配合的，是求同存异的
		鼓励	所以这两年下来，从一个角度，不从别的，工作上可以，销售上怎么管理，激励体制怎么弄，这些人让他们高高兴兴卖东西，我怎么算，这些都是我做的，原来他（总经理）算公司提成，算得公司亏本了，方法方面，到后来我都给他算，他也很满意

续表

释意基本要素	种类	代表性语录
基本要求	竞争中学习	所以我那时候就养成一个，你是头，但你也不是头，你是一个 Team Leader，更可以说是这个概念。很难做的是什么？是你得确保你能跟上大家同等的思路，因为大家是同等学习，甚至比你快，你底下管的人多，这学点，那学点，你不可能学到什么，所以你得有能力，去很快地理解他们。他们那儿有什么东西，然后很快地去理解他们，然后告诉他是怎么回事，你得比他们强，要不他们不服你
基本要求	自我反思	我觉得这家企业可以卖掉了，所以我也想走了。到现在还在赔钱，而且是赔钱的趋势，因为工厂管不了。其实当初呢，我来了以后应该去抓工厂，那我可能现在又不一样了，但是我自己知道，我不感兴趣
基本要求	竞争优势	我觉得张×和那个女孩，我觉得我们三个是一个类型，所以我爱拿她们和我比。实事求是地说，她们比我虚伪好多。我们在一块，遇到困难的时候，张彦从来都说她鲜花那一面，不说别的，困难说得少，我觉得好像……没必要的东西我也不学，何苦呢
基本要求	工作价值取向	说句实话，我有时想真的就孤家寡人了，基本就这感觉，因为现在觉得钱什么都不是，真的什么都不是，你说钱够花，也不够花。我也不是在想平时怎么赚钱，但是我就觉得，而且我这么多年，一旦拿钱来衡量还是个人兴趣的时候，肯定钱放到最后的，不考虑的，所以我也搞不懂，怎么回事的

(2) 释意主轴

L11 每一次重大决定的背景，要么赶着时代潮流，要么根据对自己有影响力的人或者同辈群体的取向，总之是参照别人的风向标，自己的长期方向和目标就是在和周围的人比较中证明自己。L11 家庭出身生活经验，把她推入了追求职业发展的轨道，成长的经验和职业发展过程让她形成了在比对中建立意义的心理图式。职业和个人发展中，对社会地位的在意，让她无法忽视外界（他人）的评价。她不由自主地把自己放在与外界（他人）对立的位置，通过判断外界（他人）的反应来确立自己的行动方向，或者断定自己行为的意义。L11 很强的个人自主意识，但是她却从来没有能力感受和联系自己所拥有的和所需要的，她的选择和行为一直是被动的，缺乏真实清晰的自我感知。图 4.11 展示了 L11 整个释意过程的主轴。

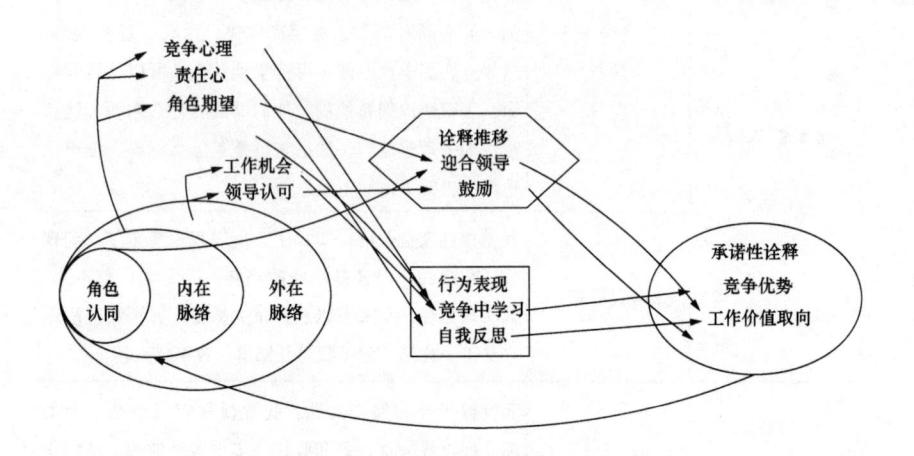

图 4.11　L11 释意过程主轴

L12 外资企业亚太区 HR 总监的职业成长关键事件分析

（1）释意要素

释意来源分为三大类：①身份角色的认同。L12 比较看重别人眼中的"我"是如何的，也是促使其不断前进的动力。"丈夫很支持我，他不希望我很安于现状，儿子也会为我骄傲。"②个体内在脉络，从工作热情、自我效能感/自信、知识与经验进行诠释。L12 对待工作是喜爱的，有工作热情，愿意主动地投入工作，工作让自己得到了满足。③外在脉络，家庭支持与生活影响进行诠释。以未来儿子的发展举例，反映自己的期望。"他现在接受的教育和人会影响到他的成长，他以后找女朋友的标准也会不一样，我想应该是城市里的教育水平高点吧"。

诠释的推移：注重人际关系与寻求认可。L12 会愿意与被访者有共鸣，同时也会显示自己与他人的不断比较，这是明显的感受。"我刚开始的住宿条件很差，冰箱、空调等都是自己后来添加的，也没有花家里的钱，出来工作了也不好意思问家里要钱了，要不然家里人会觉得你在外混得不好啊。"善于进行人际关系，也是长期从事人力资源工作的一项技能。

行为表现：在这家企业中不断地学习，受到了领导的重视，学习是两方面的，不仅是自己的业务知识或技能；同时，自己在攻读EMBA，公司给予很大的支持。不断参加培训和坚持学习，是L12显著特征，对她个人而言，学习是无止境的，需要不断地给自己增添精神动力。

结果表现/承诺性诠释：在其谈到晋升或其职位晋升的方面，L12还是很自豪的，从其言语中发现，内心中不免与其同行人比较，内心深处愿意做"佼佼者"，虽然在问其成功的感受时，言语表述"我也不算是一个成功者啊"，也多次提到"幸福"等。但是还是比较在意公司提供的福利待遇等。"我现在开的车就是……但是升了之后，公司给我换了车啊"，"宝宝看病的话，公司提供的福利待遇都很好"，"我的压力还是很大的，要好好工作啊，要不然怎么能应付了每个月的房贷啊"，以上的话语都反映了L12确实还是在意物质报酬以及职位等方面的。

表4.13　　　　　　　　　　　L12释意要素

释意基本要素		种类	代表性语录
释意来源	角色认同	人力资源总监	在公司别人也会很尊重我的
		角色期望	他不希望我很安于现状，儿子也会为我骄傲
	内在脉络	工作热情	在这一阶段，由于是刚踏出学校大门，自己参与社会实践的热情很高
		自我效能感/自信	目前，在这方面我算是资深的、自信的
		知识与经验	经验非常重要，你经历的多了，你解决问题的方式与效率也会大大提高
	外在脉络	家庭支持	我在遇到困难或问题的时候，会更多地和老公商量，想听听他的建议，也许是能够从不同的立场考虑问题吧
		生活影响	你现在接触的人会非常大地影响到你……因为人际交往圈不一样
诠释推移		人际关系	也许在外资企业，我们更要应该善于搞好人际关系，将我们的优势发挥出来，特别在人力资源部门

续表

释意基本要素	种类	代表性语录
诠释推移	角色平衡	平衡不是说都要一样，而是协调吧，我在生宝宝的前一天还在工作呢，后来才请的产假。现在虽然工作比较忙，还是在坚持不断地学习，老公也很支持，他也不希望我落后，儿子也告诉她身边的小朋友们说"我妈妈是博士啊"，现在的生活状态很好啊
	鼓励	学习中注重提高工作效率，思考怎么样能把工作做得更好，于是受到领导的认可后，原先三个月的实习期，一个半月就转正了，自己的自信心得到了提升，下一步就更要把工作做好
行为表现	学习	因为没有男朋友，自己对自己的外表条件不太满意（比较胖），所以时间很多，即使是下班了，一般也不会回去，会在工厂学习
	坚持	碰到项目上的问题时，我会特别的坚持，自己解决不了的，你就要请教你身边的人，竭尽全力处理好
承诺性诠释	职业满意	相比较我身边的人来说，我现在的状态算是很好的了，上次我们同学聚会时，我的室友以前和我们一样的，这次来聚会回去的车票还是我们帮她买的
	物质报酬	我的压力还是很大的，要好好工作啊，要不然怎么能应付每个月的房贷啊

(2) 释意主轴

L12职业成长中，将"佼佼者"作为自己的目标，反映出获得比较优势。在不断取得成就的同时，自我效能感也在不断加强，推动职业历程的不断前进。无论是在校时代还是任职期间，学习始终贯穿其成长，个人的家庭生活与工作得到家人等多方支持，实现平衡。个人与职业发展的显著特征：不断地学习，内心成为"佼佼者"，注重人际间关系。图4.12展示了L12整个释意过程的主轴。

L13 综合管理总经理的职业成长关键事件分析

(1) 释意要素

释意来源分为三大类：①身份角色的认同。②个体内在脉络，从工作兴趣、责任、工作态度、自我效能感/自信、职业目标、归属感、知识与经验进行诠释。工作态度表明 L13 很热爱自己的工作，尽管比较辛苦，但是自己的努力与成绩受到公司及领导的认可，使得自己有一种归属感（目前其所在的公司是本行业的领头羊）。③外在脉络，领导同事支持、朋友支持与工作机会进行诠释。认为自己的成长是由内因和外因共同作用的，一方面是对自己的要求（不断地学习），另一方面外部提供的机会。自己在校期间的学习习惯以及取得的成绩，都展示了 L13 勤奋、努力、不断学习，是学生时期的优秀"好学生"，对其职业发展有帮助，公司提供了发展平台。

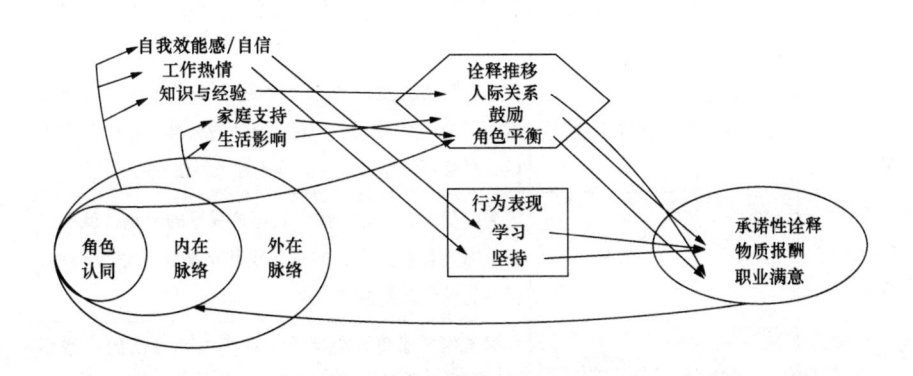

图 4.12　L12 释意过程主轴

诠释的推移：L13 在总经办的 6 年时间受益匪浅，促进职业发展的一次飞跃。协调能力（沟通与信息）和系统性的思考是促进其成长的两个显著能力，在协调与沟通的过程中，积累了自己的人脉关系，大家互相帮助。

行为表现：L13 两年半的时间从业务员提升到管理层。管理层要求领导者有"示范"作用，激发团队的积极性，与团队成员进行有效沟通与正向激励。人际关系的处理——平衡与沟通，了解对方内心的想法是什么。由于 L13 一直是未婚状态，将主要精力投入到工作中，与同事之间互相帮助。自己的成长与员工的成长都会考虑到行业的发展情况，企业在本行业中的地位，以及在本企业中的发展平台或空间。

结果表现/承诺性诠释：对于未来的职业生涯发展，保持一种顺其自然的态度，机会是给有准备的人的。如果急于追求那个高的职位，最后自己也许会得不到的，反而会引起不太好的影响，对于 L13 而言，自己深受影响。L13 目前仍旧是单身，在她身边的许多高层女性也证实了，在事业上有所成就，同时要兼顾家庭，付出的时间与精力要多得多。

表 4.14　　　　　　　　　　　L13 释意要素

释意基本要素		种类	代表性语录
释意来源	角色认同	品牌高级经理	主要还是负责××品牌策略的，带领我们的团队
		佼佼者	因为从我自己来讲，我一直希望自己不要落在别人的后面，并不一定自己是做得最好的，但是绝对不会是最差的那个。所以我觉得，在这个里面是一个自我要求的过程，所以说不单单是在学习阶段，而且在自我工作阶段，实际上都有这么一个自我要求在里面
	内在脉络	工作兴趣	但是我觉得关键是你自己对这个工作的一个喜好程度，因为觉得说你对于工作的一些标准吧。因为觉得说，尽管那时候很累，但是还是做得蛮开心的
		责任	因为对我自己来说，我个人比较看重的一点，就是责任。因为基本交给我的活，我都是能让人很放心的，而且是保质保量地完成的
		工作态度	你对工作的态度，决定了一些事情你自己的一些感受，那时候会觉得尽管很累，但是我做得很开心
		职业目标	我觉得真的不管在生活还是工作中，自己对自己目标的设定还是非常关键的。有的可能你过多地去追求一些物质性的东西，那你有时候会真的让自己很受伤害的
		归属感	你的辛苦，实际上都是能够被肯定的，因为有收获、有贡献啊
		自我效能感/自信	我相信我自己的能力，也是能够胜任的
		知识与经验	学习阶段的知识积累也好，然后一些方法的积累也好，对于我工作的帮助还是很大的
	外在脉络	工作机会	学校里很多最高的奖项都是给我的，因为我得过两次上海市三好学生，所以这些也给我后面的很多就业奠定了基础，因为我从进这个公司开始，公司就真的对我非常好，从一开始入职，包括到现在。然后各个层次的领导都对我很好，而且也给了我很多的发展平台

续表

释意基本要素		种类	代表性语录
释意来源	外在脉络	领导同事支持	有时候我觉得，实际上各个部门的领导对我的影响都特别深刻，因为当时按实际的级别来讲，都没他们高。但是他们给我提供的帮助和支持，也是让我非常感激的
		朋友支持	我更多的还是和自己的朋友交流得多一些，聊聊最近的状态与想法，有生活上的也有工作上的事情，大家都非常 open 的
诠释推移		平衡	只有你把工作很好地分配了，特别是说现在工作任务都很重的情况下，才能真正地有一些效果出来，才能真正体现你的效率。那么第二个我觉得，自己去平衡和调节吧。而且像这个其实有时候是个人的习惯而已，就像现在这段时间，我们每天的工作时间也还算蛮长，但是觉得还好
		人际关系	在协调与沟通的过程中，积累了自己的人脉关系，大家互相帮助
行为表现		学习	就是说实际上，接触和涉及的一些人或事情，实际上都是很难让人学习的。比如说领导啊，还有包括那个业务工作的承诺
		沟通	你必须完全地理解你的上层领导的想法，因为他可能不完全地理解，会对最后执行的结果造成偏差。所以在前面的话，要尽量把和上面的沟通做到及时有效
承诺性诠释		工作业绩	对我自己来说，保质保量地完成工作对我个人的业绩来说，都是非常好的
		能力提升	个人的协调能力得到了很大提升，那另外一个，我觉得学得比较多的可能就是系统性的思考，去分析一些问题的能力

续表

释意基本要素	种类	代表性语录
承诺性诠释	物质报酬	其实真的现在大家生活质量变好了，倒真的没人在乎你拿多少钱，除非你讲的，到了我们这样的，边际效应的问题。给你有个大的突破，大家真的没有在乎公司给你加多少钱
	职业满意	我现在对我的状态很满意啊，但是未来怎么样，还是顺其自然吧

（2）释意主轴

L13女士的职业路径一直比较顺利与平稳发展，对这种现象的分析，归因于两方面，一方面，确实L13自己非常优秀，工作努力，有责任心；另一方面，公司非常好，愿意提供发展机会，领导支持。个人与职业发展的显著特征：较好的亲和力、真诚、努力、协调能力较强、注重人脉关系。图4.13展示了L13整个释意过程的主轴。

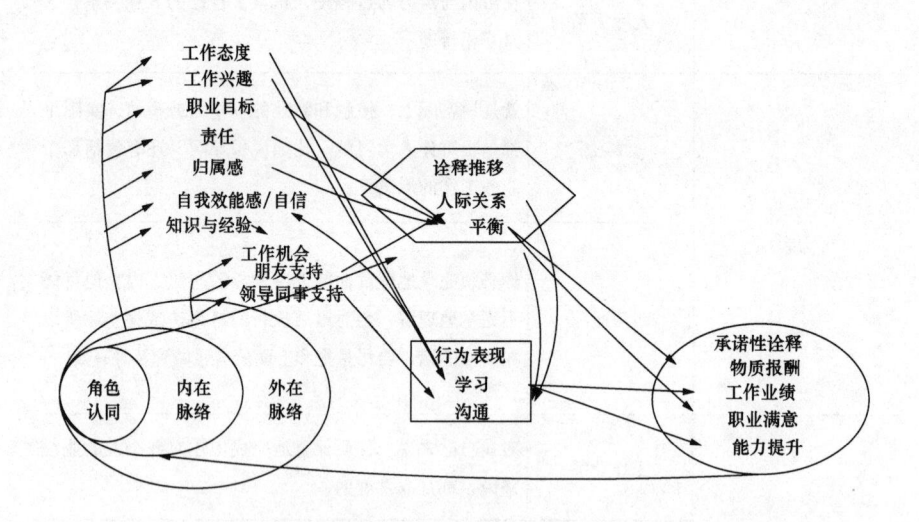

图4.13　L13释意过程主轴

L11、L12、L13三位女性领导者均表现出竞争型的成长模式，强调他人的认同——别人是如何看待自己的，因此，对于自己的要求是要比周围的人群"优秀"。但是这两位有一定程度的不同，L11 的职业发展呈现不连贯性，每一次重大决定的背景，要么赶着时代潮流，要么对自己有影响力的人或者同辈群体的取向，总之是参照别人的风向标，自己的长期方向和目标就是在和周围的人比较中证明自己，因此，她的职业成长中，通过自己的努力，顺利地实现了由基层成长为中层女性领导者，但是成长为高层却始终没有突破，其原因还是归结为这种参照标准和不连贯性。L12 的职业成长较为连贯，并且注重人际关系，所以相比较 L11 而言，在 37 岁是能够成为公司的高层领导的。L13 是单身女性，除了生活之外，将更多的精力与时间投入到工作中。从她们的职业描述中，踏入职场时的"好学生"角色，为她们迎来了好的机会，职业发展早期处于良好的状态，因此，在未来的职业成长中，无论是职位转换还是选择跳槽，良好的开端都为她们将来的发展起到了关键作用。

通过质性化的研究方法对女性领导者的职业成长中驱动因素及动态关系进行分析，并得出相应的研究命题。虽然这是在客观、深入分析大量资料的基础上得出的，并在一定程度结合职业成长的真实情境，但是质性化归纳的方法本身存在两方面的缺陷：①它无法在多种可能的理论解释中判断或检验哪一种更真实可信；②其形成的理论缺乏必然的可信性，因为它所依据的经验证据是由不完全归纳提供的。因此，此次研究所提出的女性领导者职业成长驱动因素及动态关系是由这一不完全归纳法得出的，而且其方法论本身并不能完全诠释研究结果的有效性和普适性。

通过对以上 13 位成功的企业女性领导者职业成长的关键事件进行多案例分析，并对驱动因素的动态关系得出的命题进行解析，三角验证其信度和效度，并在形成的命题基础上进行进一步的探讨。与上一节不同的是，上一节的资料来源通过面对面的深度访谈，获得直接的案例数据，本节主要通过个人微博与博客、论坛讲话、个人演讲以及与被访者下属等获取信息资料进行分析和归纳，对于每个案例而言，仍然是归纳分析，但是从总体样本来看，则是采用的演绎式案例研究的思路对已有命题进行实证。

（二）三角验证

在进行三角验证的收集采集中，有些女性领导者没有讲话内容或博客等，有的在访谈下属中数据采集不理想，最终形成并整理了其中 7 位女性领导者案例，将这 7 个案例参照上文的案例编码分析方法进行分析，将结果汇总（见表 4.15）。

表 4.15　　　　　　　　　　案例编码结果

代码	采集方式	案例编码	知否存在概念溢出
L03	个人演讲	角色期望、员工成长、工作意义、工作挫折、家庭支持、学习、沟通、坚持、人际关系、角色冲突、自我效能感/自信、成就感、挑战性、知识与经验	否
L04	下属访谈	勇气、自我效能感/自信、挑战性、职业目标、知识与经验、分享、鼓励、角色平衡、家庭支持、坚持、工作投入、竞争优势	否
L06	同事访谈	竞争心理、责任心、角色期望、员工成长、能力提升、工作意义、工作兴趣、职业目标、归属感	否
L10	下属访谈	工作热情、自我效能感/自信、知识与经验、示范、角色无边界、鼓励、工作机会、朋友支持、职业满意、增加自信	否
L09	朋友访谈	正面鼓励、自我效能感/自信、自尊、挑战、积极主动、角色平衡、物质待遇与快速晋升、强化学习能力、管理风格、社会尊重感与经济地位、工作意义	否
L11	微博	成就感、自我效能感/自信、归属感、职业目标、知识与经验、朋友支持、工作机会、职业导师、物质待遇、职业价值取向	否
L13	媒体报道	工作兴趣、责任、工作态度、职业目标、归属感、自我效能感/自信、知识与经验、工作机会、领导同事支持、朋友支持、坚持、工作投入、职业专长、物质性报酬	否

从表 4.15 可以看出，通过对所研究的 7 个案例样本编码结果发现，案例译码并未溢出研究命题之外的诠释内容。表明此次研究得出的驱动女性领导者职业成长要素及动态关系得到了更充分的证实，更值得信服，更具有相对较高的普适性和准确性。

经过案例编码的结果，对每个范畴、概念出现的频次进行统计分析，并计算每个范畴出现的比重和权重，比重表示出现的频率，比重越大，出现频率越高，表示对于女性领导者职业成长越重要；权重为每个范畴次数与全部出现次数的比值，用于衡量因素之间的重要程度。通过对 13 位女性领导者的案例访谈，归纳总结出 18 件关键事件的描述，以及三角验证中 7 位案例事件的编码，总计 25 件事件的描述，其中诠释内容为描述性事件中提及的次数，编码频率分析结果见表 4.16。

表 4.16　案例编码结果的统计分析

	诠释内容	出现次数（次）	比重（%）	权重
内在脉络	工作价值取向	23	92	0.03599374
	成就感	14	56	0.021909233
	挑战性	15	60	0.023474178
	胆怯	9	36	0.014084507
	自我效能感/自信	22	88	0.034428795
	自尊	6	24	0.009389671
	责任性	11	44	0.017214397
	知识与经验	18	72	0.028169014
	工作热情	10	40	0.015649452
	职业目标	11	44	0.017214397
	寻求认可	5	20	0.007824726
	勇气	4	16	0.006259781
	工作态度	9	36	0.014084507
	归属感	8	32	0.012519562
	使命感	3	12	0.004694836
	精英主义	4	16	0.006259781
	梦想	13	52	0.020344288
	乐观与勤奋	17	68	0.026604069
外在脉络	职业导师	5	2	0.007824726
	工作机会	20	8	0.031298905
	朋友支持	17	68	0.026604069
	家庭支持	21	84	0.03286385
	领导同事支持	19	76	0.029733959
	工作挫折	7	28	0.010954617
	工作氛围	5	2	0.007824726
	生活氛围	3	12	0.004694836

续表

	诠释内容	出现次数（次）	比重（%）	权重
诠释推移	人际关系	19	76	0.029733959
	信任	16	64	0.025039124
	示范	3	12	0.004694836
	影响力	3	12	0.004694836
	积极主动	21	84	0.03286385
	角色平衡	17	68	0.026604069
	正面鼓励	18	72	0.028169014
	坦诚	3	12	0.004694836
	迎合领导	4	16	0.006259781
行为表现	学习	23	92	0.03599374
	坚持	19	76	0.029733959
	沟通	21	84	0.03286385
	独立	7	28	0.010954617
	工作投入	15	6	0.023474178
	自我反思	21	84	0.03286385
	顺从与沉默	9	36	0.014084507
	合作与谦让	7	28	0.010954617
诠释性承诺	物质待遇与快速晋升	17	68	0.026604069
	强化学习能力	6	24	0.009389671
	工作业绩	11	44	0.017214397
	竞争优势	8	32	0.012519562
	管理风格	3	12	0.004694836
	社会尊重感与经济地位	7	28	0.010954617
	工作意义	16	64	0.025039124
	职业满意	17	68	0.026604069
	员工成长	9	36	0.014084507
	目标导向	7	28	0.010954617
	职业专长	13	52	0.020344288
合计		639		1

从以上的结果可以简单看出，内在脉络中，工作价值取向、自我效能感/自信、知识与经验、乐观与勤奋以及挑战性出现的频次较高；外在脉络中，工作机会、朋友支持、家庭支持和领导同事支持出现的频次较高；诠释推移中，积极主动、人际关系、正面鼓励和角色平衡出现的频次较高；行为表现中，学习、坚持、沟通、自我反思和工作投入出现频次较高；诠释性承诺中，职业满意、物质待遇与快速晋升、工作意义、职业专长出现的频次较高。

在诠释内容的相互关系中，工作价值取向与工作意义相互影响，女性领导者的工作价值取向随着职业生涯的发展不断进行调试，其职业发展的每个阶段，都有一个相对重要的价值取向作为核心价值观。知识与经验的积累与职业专长密不可分，自我效能感/自信也会因多种因素发生阶段性的变化。

三 研究结论

结合前文研究，从释意过程的要素内涵来构建驱动女性领导者职业成长中关键事件分析。

采用领域分析，释意过程要素可分为四类：诠释、诠释推移、行动及承诺性诠释。这四大类别又包含了许多细化的内涵，下面将采用极大化的原则，把前文发现的内容进行归纳，如表4.17所示。

1. 角色认同可以概括为两种类型，即职业角色认同与传统角色认同。本书研究的13位女性领导者除涵盖上述角色类型外，呈现多重角色认同、角色认同冲突的现象。其中内在脉络主要包括工作价值取向、自我效能感/自信、能力与经验等要素；外在脉络主要包括家庭支持、领导同事支持、工作机会、组织文化氛围等要素。

由此提出以下研究命题：

命题1：驱动女性领导者职业成长的因素可区分内在脉络与外在脉络，内在脉络主要涉及工作价值取向、自我效能感、知识与经验等，外在脉络主要涉及家庭支持、领导同事支持、工作机会等。不同因素对女性领导者职业成长产生影响大小不同。

命题2：角色认同是影响女性领导者职业成长的核心要素。内容上包括传统角色认同与职业角色认同，伴随女性领导者在家庭和职业成长中存在交互影响。

命题3：女性领导者对角色认同的差异，会进一步影响到内在脉络与外在脉络诠释内容的不同。

2. 诠释推移：从影响方式上，可分反馈性推移、导向性推移及转型性推移三个方向。反馈性推移是反馈到前置因素对诠释做进一步的强调与澄清，而导向性推移则替代了诠释到行动之间的直接路径，间接地对行动发生影响。转型性推移则会形成与承诺性诠释内涵相当的、关于职业成长新的或重要的认知与观点论述。

由此提出命题4：不同女性领导者会有不同的诠释推移，即反馈性推移、导向性推移及转型性推移三个方向。

3. 行为表现：行为表现可区分学习、坚持、沟通、反思、工作投入、顺从等类别。由于诠释内容的差异，引起行为类别的不同，但驱动女性领导者在面临关键事件时的行为表现有许多共同之处。

由此提出命题5：女性领导者的行为表现主要受到角色认同、内在与外在脉络的诠释所影响，同时也受到诠释推移的影响，共同的行为表现体现在学习、沟通、反思与平衡。

4. 承诺性诠释：通常承诺性诠释隐含着女性领导者的工作价值取向、职业目标与生活意义等重要内容。本书研究的13位女性领导者的承诺性诠释的内容可归纳为主观和客观两个方面。

由此提出命题6：女性领导者的承诺性诠释归纳为主观方面，包括工作意义、职业满意、自信提升；客观方面，包括物质待遇与快速晋升、职业专长、能力提升等。

并通过以上分析，提出命题7：女性领导者的承诺性诠释与其角色认同、对内在和外在脉络的诠释、行为表现以及诠释的推移在逻辑上具有连贯性，职业角色认同强调工作业绩、能力提升、物质回报、职业满意等职业价值取向，多重角色认同强调工作意义、员工成长等自我价值和社会价值的实现。女性领导者的角色认同越接近职业角色认同，驱动其职业成长的动力越大。

第四章 企业女性领导者心理进阶：职业困境与突破机制的释意过程研究

表 4.17　13 位女性领导者释意主轴类型对照

角色认同	释意前置要素 内在脉络	释意前置要素 外在脉络	诠释的推移	行为表现	承诺性诠释	关键事件	备注
职业经理人、丈夫的期望	职业价值取向、自我效能感、成就感、挑战性、知识与经验	工作机会、领导与同事支持、家庭支持	积极主动、角色平衡、正面鼓励	顺服、学习、自我反思、沟通	物质待遇与快速晋升、强化学习能力、管理风格、社会尊重感与经验地位、工作价值意义	关键情境1：经历"文革"、生活环境巨变。关键情境2："国企人"成功转型"外企人"关键情境3：服务质量的危机	超越型职业成长
职业经理人、母亲的榜样	工作热情、职业目标、寻求认可、挑战性、危机感、工作态度、知识与经验、乐观与勤奋	工作机会、朋友支持	人际关系、冲突、信任	学习、自我反思、沟通	物质待遇、强化学习能力、管理风格、工作价值取向	关键情境1：经验赢得工作机会 关键情境2：部门地位引发职业角色冲突	关系型职业成长
家庭边缘化角色、人力资源副总监	责任感、诚性价值取向、工作态度	朋友支持、家庭影响、老公关爱	人际关系	顺从与沉默、独立、合作与谦让	物质待遇、职业价值取向		关系型职业成长
职业经理人、母亲的榜样	勇气、自我效能感、挑战性、职业目标、知识与经验	工作挫折、家庭支持	积极主动、坦诚	独立、坚持、角色协同	职业满意、提高自信、结果导向、专长、物质性报酬	关键情境1：生活轨迹拐点"大学失利"关键情境2：两度失业——职业"危"与"机"	精英型职业成长

续表

角色认同	释意前置要素 内在脉络	释意前置要素 外在脉络	诠释的推移	行为表现	承诺性诠释	关键事件	备注
品牌总监、优秀的"学生"	成就感、自我效能感、归属感、职业目标、信仰、知识与经验	朋友支持、工作机会、职业导师	积极主动、影响力、鼓励	学习、沟通、坚持	工作业绩、目标导向、能力提升、职业满意		无边界职业成长
品牌总监、合格的家庭成员	胆怯、自我效能感、自尊、挑战	家庭支持、工作机会、玻璃天花板	分享、鼓励、角色平衡	学习、工作投入	工作业绩、能力提升、工作价值取向	关键情境1：踏入职场，培养自信 关键情境2：发现工作意义 关键情境3：迎接挑战，被陷低估	超越型职业成长
佼佼者、父辈的期望	竞争心理、责任心、角色期望	领导认可、工作机会	迎合领导、鼓励	竞争中学习、自我反思	竞争优势、工作价值取向		竞争型职业成长（不连贯）
精英	工作价值取向、使命感、责任、精英主义	家庭影响、同学影响	示范、角色无边界、鼓励	平衡、工作投入	员工成长、工作意义		精英型职业成长
品牌总监、母亲的榜样	工作态度、自我效能感、知识与经验	家庭支持、工作机会、朋友支持	信任、人际关系、鼓励	学习、自我反思、角色冲突	职业目标、物质报酬与快速晋升、工作价值取向	关键情境1：事业巅峰期 关键情境2：被迫的创业经历 关键情境3：进入外企，自我实现	超越型职业成长

第四章 企业女性领导者心理进阶：职业困境与突破机制的释意过程研究

续表

角色认同	释意前置要素		诠释的推移	行为表现	承诺性诠释	关键事件	备注
	内在脉络	外在脉络					
连锁店总经理、合格的家庭成员	梦想、成就感、挑战性、职业目标、乐观、自我效能感、知识与经验	工作机会、朋友支持	积极主动、人际关系	学习、自我反思	物质报酬与快速晋升、职业满意度、工作意义	关键情境1：幼师-事业巅峰 关键情境2：转换职业的挫败 关键情境3：特质匹配冲突	超越型职业成长
品牌高级经理、佼佼者	工作兴趣、责任、工作态度、职业目标、归属感、自我效能感	工作机会、同事支持、朋友支持	平衡、人际关系	学习、沟通	工作业绩、能力的提升、物质报酬、职业满意		竞争型职业成长
产品线总监、榜样力量	谋生价值取向、责任、挑战性、自我效能感、知识与经验	工作氛围、领导同事支持	角色平衡、鼓励	学习、坚持、沟通	员工成长、能力提升、工作意义	关键情境1：完成项目、提升自信 关键情境2：寻求工作生活平衡	精英型职业成长
人力资源总监、角色期望	工作热情、自我效能感、知识与经验	家庭支持、生活影响	人际关系、角色平衡、鼓励	学习、反思	职业满意、物质报酬		竞争型职业成长

第四节 子研究二：职业成长的释意要素动态演化关系

一 研究目的

在子研究一的基础上，确定了职业成长的释意要素。此项研究采用格式塔分析，归纳各释意要素之间的动态关系，并得出相应的研究命题和研究假设。为进一步分析要素之间的动态关系，本书将对职业成长的关键事件、成长特性以及突破的职业"瓶颈"的行为方式作进一步的分析，以达到关键事件学习的目的。

二 研究结论

采用格式塔分析，归纳各释意要素之间的动态关系，如图4.14所示，以粗箭头表示要素之间的主要关系与方向，以细线条表示次要关系与方向，以虚线表示未在资料中发现但应该存在的关系与方向。以L10为例，其释意历程的主要关系是：L10刚踏入社会时，组织氛围吸引了她对其职业角色的认同，引发对工作价值取向、自我效能感/信心等内在脉络的诠释，由于其工作性质的原因，从事多种项目经历的知识与经验，提升能力与自信，尽管存在一些困难，但受到领导同事认可与支持、文化氛围的影响，让她坚持学习。这种鼓励不但促进学习与坚持的行为，而且促成了任务完成，每次任务的完成均会增强自我效能感。随着家庭生活的变化，除了职业身份之外，承担了妻子与母亲的角色，进行工作与生活、角色平衡，凭借着以往的知识与经验，自信，在进行第二次职业选择时，以领先行业、公司以及团队为标准，对职业角色——精英人才的认同进入了××公司，工作充满挑战性，不仅促进个人的成长，而且让她形成了"员工成长"和"工作意义"的承诺性诠释。次要关系是：鼓励的诠释推移形成良好的工作氛围，同时，角色平衡的诠释推移反过来使L10重新认识应承担的角色并重新审视自己的工作价值取向以及工作机会。

女性领导者在职业成长过程中的经历、感受以及行为方式均伴随着认知体系的不断建构，相互影响，呈现动态发展性。这也恰恰符合社会认知理论中，通过社会互动过程，在社会情境中研究自我。

由此，得出命题8：驱动女性领导者职业成长的内在脉络与承诺性诠释中各主要因素相互影响,并且两者之间存在互动关系,突出表现在工作价值取向、自我效能感的动态演化以及知识与经验的积累。

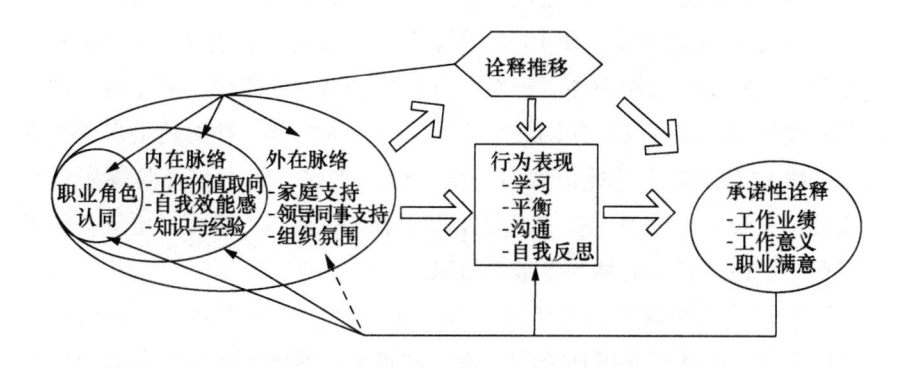

图4.14 释意要素之间的动态关系

三 研究发现

(一)职业情境化:关键事件分析

对于关键事件的识别,Cope(2010)提出,应主要采用自定义的方法来实现,即让受访者自己回忆并识别在成长过程中最重要的经历——不仅包括成功的经历也包括失败的经历,尤其是失败经历的影响更为深远。具体来说,对关键事件的功能和作用主要体现在3个方面:①面临某些意外情况,既有的知识储备、行为惯例等不再有效,意外事件迫使其必须重新评估当前的形势,重新思考对那些早就习以为常的信念与假设。②这些经历也能够彻底地改变女性领导者对管理以及自我能力的认识。Boud 等(1985)提出,关键学习事件能够帮助企业领导者建立起自我认同感,正是这种源自内心的感受,成为激发个体自我奋斗的重要力量。③关键事件可以被看作是一个"质变"的过程。

对于进阶的理解,存在着四种解释[①]:①进升官阶。清代吴振棫《养吉斋丛录》卷三:"是其时将军为提督进阶,非实有其官也。"②犹台阶。中国近代史资料丛刊《辛亥革命·武昌起义清方档案·清吏条陈》:"彼其胸中久已视忠孝为迷信,视暴动为文明之进阶。"③层次或等级提高。在修真、玄幻小说中经常出现的用语。④在原来的基础上有较大程度的提

---

① 百度百科:《进阶》,http://baike.baidu.com/view/1097468.htm。

高，但在层次上低于和没有达到质变境界。本书将进阶诠释于女性领导者的职业成长，主要选择第一种解释。从以上对13位女性领导者的职业成长的关键事件描述中，可将她们的职业成长关键事件分为两大类：

1. 基层进阶为中层。在18个关键事件的描述中，有11项体现着此种类别，另外6位女性领导者虽然没有明确提出关键事件，但是对于她们的职业成长中，能够发现共同的影响因素与行为特征。在对这类事件的描述中，13位女性都能够凭借着自身的优势，诸如，能力与经验等实现职业成长，在现实生活中，有很多女性印证了这一事实。然而，再进一步突破成功的女性高层次的领导者数量锐减。

2. 中层进阶为高层。对于成为高层次的女性领导者而言，她们的关键事件不仅仅体现在某项任务的完成，而且更多地展示出她们是如何实现"质变"的。就职业成长而言，自我效能感与知识经验是内在脉络的主要因素，正是由于这两种"量变"因素的作用，才能够促成她们职业巅峰的"质变"。通过职业角色的认同以及量变的积累，发现工作意义，个人和社会的价值探寻，冲破了心理因素的障碍，顺利实现从中层到高层的晋升或工作价值取向的转型。

因此，从以上两种关键事件的归类，基层进阶为中层更多的是体现在知识与经验的积累、自我效能感的提升，强化职业角色认同，工作价值取向相对稳定（不因关键事件发生变化）。中层进阶为高层的事件多反映在多重角色的平衡与工作价值取向的转变，自我效能感始终存在强化。

（二）ASD模型与职业成长的契合性分析

ASD分析框架的理论雏形是基于人事选拔过程中的动态匹配观点。Wang（2003）等对中国背景下的管理胜任力进行了研究，在结合Schneider（1987）提出的ASA（Attraction-Selection-Attrition）模型基础上，融合了动态适应机制，构建了多阶段选拔的（Multi-stages Election）ASD理论模型，这里的A是吸引（Attraction），S为选择（Selection），D则为发展（Development）。Wang和Zang（2005）对原来的理论框架进行了拓展，大大提高了ASD模型框架的适用边界。他们在借鉴和糅合了自然生态体系中主体动态演化规律的基础上，提出了更具一般意义的ASD框架，即适应—选择—发展理论模型（Adaptation-Selection-Development），用以解释行动主体与环境之间的动态匹配和嵌入现象，认为适应、选择和发展是行动主体与环境之间互动作用的结果，在不同的阶段，匹配和嵌入的程度和方式也不同。适应、选择和发展是一个动态往复并循环上升的连续过程,为更好地适应环境,行动主体会选择恰当的策略和行为(如匹配方式和嵌入途径等),从而具备进一步发展和提升的条件,策略选择行为为主体的自我发展奠定了基础,也为高水平的嵌入提供了必要的条件。选择促进行为主体与环境在深层次上实现匹配,进而实现在更高水平上的适应。

本书研究发现,女性领导者在职业成长(不同职位层级)中,通过学习、反思、沟通和平衡机制实现对认知体系的重新建构,突出表现自我效能感、角色认同、知识与经验、工作价值取向和职业满意度的变化,并伴随着个体与情境(关键事件)在适应—选择—发展(ASD)交互作用下进行。因此,按照被访者对于其在职业成长中个体与情境(关键事件)——管理策略和应对措施的选择(S阶段)——发展演进和提升的条件(D阶段)——实现更高水平上的适应(A阶段)的理论路径和逻辑递进关系,分析和探索驱动职业成长的动态演化。

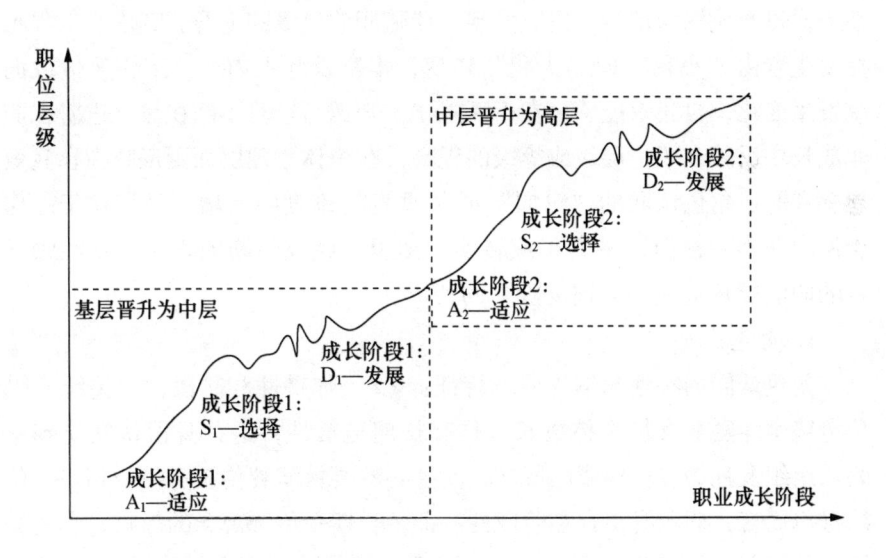

图 4.15 ASD 与职业成长的契合理论模型

1. 适应阶段(Adaption),即个体对"自我"和"人我"的感知,与外部环境的机会和风险的识别。能否适应社会,踏入社会后对自我进行重新定位,都会对未来的发展产生深远的影响。在此阶段中女性会对"自我"和"人我"的身份进行新的定位,被访者也谈及结合自己的兴趣和优势，听从自己的内心，我能做什么，擅长做什么，要把自身的作用发挥到最大化。

2. 选择阶段（Selection），即面临自身转变或情境的变化时，经过反思后所做的行为策略，是 ASD 成长模型的核心部分，行为产生的结果不仅会影响到客观因素（预先目标或绩效等）能否实现，还会对自身进行重新评估，进而影响到面对未来境况的策略选择。

3. 发展阶段（Development）。在被访者中，她们所表现的自信、自尊、坚持、勤奋以及加倍的努力等共同特质是她们成为女性高层次人才所必不可少的因子。她们以其丰富的心灵感受、经历、行为在职业成长诸多不确定因素中，无不在对自我进行着一系列的确定，从而达到内心模式的成熟。纵向追踪被访者的职业经历可以发现，自我实现的过程就是"小我"向"大我"转变的过程，是自我不断扩展延伸的过程。

（三）心理进阶：成长与动态特性分析

女性领导者的职业成长是一个动态的发展过程，其心理发展具有进阶性。通过案例深入访谈，研究发现，伴随职业层级的上升，其内心世界也在发生着由"小我"向"大我"转变，丰富及壮大内心，工作价值取向或发生变化，自我效能感也在不断强化，知识与经验不断积累。进阶在职业成长中反映在职位层级或等级的提高，在个体心理层面则反映在自我效能感和职业角色认同的"纵向"或"垂直"维度的递增，又存在于工作价值取向等"横向"的升华或转型，知识与经验不断的积累。女性领导者的职业成长呈现"心理进阶"的特征。

1. 角色认同

角色认同的特性归纳为以下特征：（1）连贯性和阶段性。传统身份角色终生伴随着女性个体成长，具有长期连贯性，这种身份认知受到家庭、组织及社会多重因素的影响，女性必然要扮演着传统身份。相对于传统身份而言，职业身份存在阶段性特征，长期受传统观念的影响，有些女性在承担着传统身份的同时，职业身份会发生中（终）断，影响女性人才的职业发展。同时，许多优秀的女性领导者在职业发展的后期更加注重自己的社会角色，更多地体现在对于社会价值的实现，因此，这部分的女性领导者会积极主动地塑造良好的社会身份，此时的社会身份更体现在少部分优秀女性。（2）矛盾性和互动性。女性领导者扮演着多重角色，当面对分歧的角色期望时会产生不平衡，她们顺从某个角色的要求，就很难顺从另一个角色的要求，当无法满足各种角色的要求时，角色的冲突就出现了。这种角色的矛盾性，集中表现为时间、空间精力和行为方式的冲突，主体角色需要与角色能力的冲突。但是很多女性领导者表示能够避免这种冲突的出现，运用各种平衡机制，降低冲突的程度，转而从角色中获得增益，即在参与某一角色活动时获得的良性体验或绩效有助于她们在参与其他角色活动时获得正收益，实现良性互动。（3）时代性。随着社会政治、经济等环境的转变，女性在社会各领域发挥着越来越重要的作用。女性不仅开始走入职场，而且一些卓越的女性甚至开始担任国家领导人或大型公司的最高领导者，在企业、政界、NGO 等领域创造了瞩目的成就。本书在前期资料积累的基础上，获悉通过媒体的报道，社会对女性领导者的关注度有所加强，对女性人才的认同度有所提升。因此，受时代特征影响，更多的女性领导者愿意投入到社会中，角色的认知受时代的影响。

2. 自我效能感

自我效能感的特性归纳为以下特征：（1）呈现强化或弱化特性。自我效能感在其职业发展的不同阶段，会随着前一阶段的行为表现和结果的基础上对下一阶段的认知产生影响，从而强化或弱化自我效能感，并以产生的自我效能感作为阶段性的核心自我效能感。（2）时效和可塑的特性。在信念体系中，相对于职业目标、职业价值观而言，自我效能感更具有时效性，通过这一阶段的成效与预期的对比，结合自己的努力程度，能够清晰地反映自己，通过反思，形成对自我的认知，以此形成下一阶段的自我效能感。成功的女性领导者往往表现较强的自我效能感，在遇到困境时，总能够保持乐观的态度积极应对，从失败或困境中寻求解决问题的途径或办法。领导力是可以培养的，通过能力知识经验的培养与积累，增强成功的信心，有助于自我效能感的提升。所以，对于女性领导者，首先要注重自我效能感的提高，从信念上激励自己，从而树立正确的职业目标，投入到工作中，以实现预期的职业目标，展现自我和社会的价值。

3. 工作价值取向

相对于自我效能感而言，工作价值取向体现多维度和阶段的特性。本书发现，女性领导者的工作价值取向随着职业生涯的发展不断进行调试，其职业发展的每个阶段，都有一个相对重要的价值取向作为核心价值观。这也恰恰符合美国社会学家 Bellah 等（1986）对于工作价值取向的研究。将其划分为谋生取向（物质取向）、职业取向（职务取向）及呼唤取向

（事业取向、感召取向或使命取向）三种，持谋生取向的劳动者主要看重工作所带来的经济和物质回报。持职业取向的劳动者，其工作目标是个人职业发展，即追求更高的社会地位、行业声望、工作挑战和社会认同。他们相比谋生取向者，对工作投入更多，除物质回报外，工作是其实现个人发展以及获得认同和晋升的一种途径。而对于呼唤取向者来说，工作不只是为了获得经济收入或者个人职务发展，他们更看重工作过程，目的是获得工作本身所带来的主观成就、意义与奉献。Wrzesniewski（2009）也认为，个体的工作价值取向并不是一成不变的，而是随着个人成长、经济状况或所处工作环境的变化而变化。

通过以上分析，构建出女性领导者职业成长的动态演化路径，如图4.16 所示。

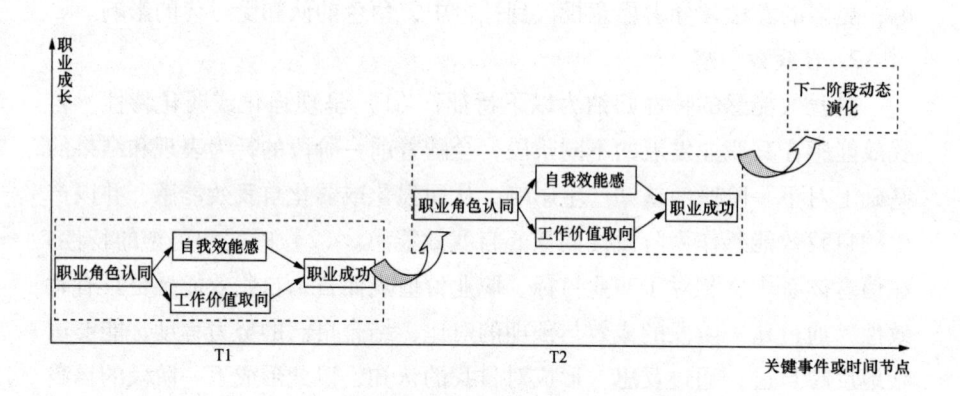

图 4.16　女性领导者职业成长的动态演化路径

（四）职业成长行为分析

从结构化理论出发可知，关键学习事件是个人或团队在其成长过程中形成自己特有工作与行为方式的重要因素。女性领导者职业成长中角色认同以及内在脉络的形成，将其归结为两种来源：一种是由外在学习所形成的认知模式，另一种是由内在启发所形成的认知模式。对此，可以概括为外在的学习过程以及内在的反思过程。在对女性领导者的职业成长中角色的认知以及内在脉络的形成上，除了发现以上两点之外，平衡机制和沟通机制对于其成长具有非常重要的意义，本书发现行为建构机制可概括为以下四点：

1. 学习机制。认知主义学习范式主要关注学习者的思维过程和认知活动过程，关注记忆和信息加工。主张这一范式的学者认为，学习过程主要依赖个体的内心世界。同时，通过不断的学习，领导者的认知结构会产生变化。正是存在学习的过程，领导者角色的认知以及内在脉络的更替需要一定的时间。这就意味着领导者的角色认知以及内在脉络并非朝夕可变，更替的过程即是学习过程和认知转变过程。认知结构与认知过程是密不可分的有机统一体，认知结构反映的是不同时点上领导者角色的认知以及内在脉络的状态，而认知过程则是将这些不同时点的角色的认知以及内在脉络联结在一起，成为有机整体的管道。被访的成功女性领导者谈到自己的职业经历时，很多人认为在自己年轻时或心智不成熟时，并没有仔细地对职业目标认真地评估，驾驭力较弱，内心对职业身份的认同往往出现落差，是被动地接受还是主动地迎接挑战，取决于当时的情境和对自我的定位。

2. 反馈机制/反思过程。"反思"包含对反思目标的留心、觉察、审视与评估。自我反思是一个包括自我分析、自我评估、自我对话和自我观察的过程。自我反思的过程也是不断地提出并解答"是什么？怎么样？为什么？"等问题。被访者在职业成长早期，其个人能力、知识与经验等的缺乏，引起其职业目标的游离，心智模式不成熟。在其成长的最初阶段，更加注重投资于自己的职业经历，将事情做好，提高自己的专业知识和能力，不断地坚持与加倍地努力去赢得别人的肯定或认同，从而赢得与同事或领导关系的和谐发展，积累自身的职业资本，有益于职业身份的认同。当面临下一职业发展阶段或更大的挑战时，会重新审视自我，即发生自我反思，过去自己做得怎样，别人是如何看待自己的（职业身份认同），今后要如何做，此时自我效能感趋向于增强，抑或是减弱。同样的，伴随着职业成长中，女性在家庭或生活中角色的扮演，也会在不断地反思生活的满意度或幸福程度。

内在脉络的优化和发展有赖于个体进行的各种学习行为，学习不仅促进知识和信息的更新，而且增强个体对自我反思和内省的意识，有助于保持心理状态处在时刻被关注和检验的状态。学习行为培养人们思维的灵活性和策略性，淘汰刻板或错误的信念，结合所吸纳的新知识，构建出更全面和抽象概括性的信念体系，促进认知的完善。

3. 沟通机制。工作价值取向、自我效能感等深藏于内心，使人们面对事件做出行为反应时自觉或不自觉调动的心理资源。完善内在脉络的首要步骤是开放个人的内心世界，实现内心世界与外部世界的交融性。在开放心灵的同时，通过有效的沟通认知问题、了解问题以及更好地解决问题，从而实现创新性以及建立系统性的思维方式，良性循环之下增强信念。有众多的研究发现男性和女性的认知偏好各有优势，男女两性在信息汲取的方式和内容上有差异性。传统社会对女性存在刻板印象，感情用事、不果断、人际关系取向，社会变迁、观念的转变，短板成为优势。被访的女性领导者表示，女性在沟通能力方面具有优势。女性领导人均深谙如何激励员工和怎样与员工培养良好的关系，并擅长保持多线沟通渠道的畅通无阻，也就是说女性领导擅长建构一种蛛网状的组织结构，她们把自己定位在组织的中心，而非高高在上的权威者。

4. 平衡机制。传统的性别角色，社会普遍认可的依附于男性世界的"贤妻良母"的社会印象，必然影响到女性对自我发展目标的定位。被访者均坦言，虽然两性都承担着多重角色，但是作为女性，更多地肩负着家庭和工作的角色，女性在规划职业发展时，不得不考虑到家庭的因素。当然，这并非是女性成为优秀人才和参与社会贡献的"门槛"。工作和生活是交织进行的，冲突并非是有害的，主要在于如何平衡，使其朝着有利的方向发展。就被访的成功女性领导者而言，强调的是关注自己内心的呼唤，究竟你想要的是什么？平衡的外延很广，最重要的是内心的平衡。对于成功的女性领导者，她们一直在努力达到一种工作—家庭—社会的平衡。

四 研究命题的进一步讨论

（一）自我效能感与职业成长的关系

自我效能感、工作价值取向与知识与经验在不同的职业情境下会发生不同的变化，抑或是上升与下降，抑或是发生转型等。在内在脉络中，良性循环会对女性领导者整个职业历程产生更大的激励作用，但并非每一阶段都是顺境的，当遇到困境时，信念尤为重要，特别是自我效能感，具有时效性，上一阶段的成效容易对下一阶段的能力、自信以及坚持产生影响，最终会影响到自我效能感的强弱。相比而言，职业目标相对未知和长远，需要个人的努力以及多方面的支持实现职业目标，工作价值取向较为稳定，往往存在于多个职业阶段，甚至于整个职业历程中。

在社会认知理论看来，自我效能感是控制与激发人类动机和行为的核心变量。Bandura（2003）认为，自我效能感高的个体，由于相信自己能够控制工作任务，因而很少会担心自己完不成任务，不会对此产生消极态度。自我效能感作为涉及个体自信心的一种人格变量，会对个体的工作态度和工作绩效产生直接的影响。Judge 和 Bono（2001）的元分析研究发现，自我效能感与工作满意度的相关系数为 0.45（$p < 0.01$）。Mcdonald（1992）以正在经历技术变革的技术人员为研究对象却发现，自我效能感与职业满意度和承诺水平存在着显著的正相关。国内的研究也发现，自我效能感高的保险推销员具有较高的工作满意度。而具体自我效能感与相关工作态度变量关系的研究，结果还存在着很大分歧。所以，自我效能感高的管理者，工作满意度高。本书发现，成功的企业女性领导者均表现出较高的自我效能感，并有着明确的目标，在长期的工作实践中，不断地培养她们领导者所具有的素质，有助于她们职业的成功，从她们身上体会到，自我效能感越高，越有可能获得职业成功。

由此，通过以上分析，我们得出如下研究假设。

假设1：自我效能感与职业生涯成功（职业满意度）存在正相关和动态的影响关系。即自我效能感（T_1）对职业满意度（T_1）呈显著的正向预测作用，并且职业满意度（T_1）会影响下一阶段的自我效能感（T_2），以此形成动态的相互影响路径。

（二）角色认同与职业成长的关系

角色认同所发挥的作用是能够使个体不断寻求角色的社会意义与角色诠释一致的内在保持感和归属感，化解不同角色间的矛盾冲突，达到相对平衡与稳定的状态。此外，由于自我在不同的情境下会扮演不同的角色，主体就会承载多重身份。当行为主体同时按照多个不同的身份来对自我进行整体性界定时，自我就会呈现出多样性和多层次性，相应的，主体就会有多重认同（Postmes & Jetten, 2006）。可见，角色认同所反映的自我是由社会角色来定义的，是自我认同多重性的体现。它以两种方式影响个体行为：①个体间的角色认同差异导致个体行为的不同；②在一定的情境下，由于个体对角色认同度的不同将导致个体行为的差异。实际上，个体对角色认同的认同感越强烈，其行为就越容易受认同的影响。许多研究强调了在工作环境中，角色认同对个体职业角色诠释与行为选择的重要性，为研究个体职业生涯转变提供了必要的理论支撑。个体在面对职业生涯的变迁时，会在一定程度上谋求自我发展，这其中包括改变价值观以及相关属性，适应新的角色认同的要求。

由于女性受自身社会资源和传统文化的限制，所拥有的社会资本相对于男性就少得多。主流的社会结构与制度（规则与实践或者文化）为男性和女性发展社会资本提供了不同的机会。同时，传统的性别角色，社会普遍认可的依附于男性世界的"贤妻良母"的社会印象，必然影响到女性对自我发展目标的定位。女性职业成长的过程中，伴随着家庭生活的变化，对角色的定位与责任的承担也处于不断调整的状态，角色的认知程度会对行为反应产生不同的影响，角色的冲突会阻碍女性才能的发挥。因而塑造及管理多重角色是女性领导者职业成长的一个关键任务。

（三）角色认同与自我效能感的关系

已有的研究表明，在角色发生冲突时会影响自我效能感。角色冲突作为压力的主要来源之一，与自我效能呈负相关，拥有高自我效能感的人能够解决随时出现的角色冲突。Carol（2001）发现角色冲突和关于工作、家庭角色的自我效能感之间存在着负相关，那些完成工作和家庭角色拥有更高自我效能感的员工往往会有更低的工作家庭冲突，且工作自我效能感在组织支持和角色冲突间起中介作用。Dana（2004）研究发现，更高水平的自我效能是角色冲突和工作满意感之间微弱正相关的预测变量，而相对更低水平的自我效能是角色冲突和工作满意感之间负相关的预测变量。Kelly（2005 & 2008）研究发现角色冲突和自我效能呈负相关。Christopher等（2007）发现工作自我效能感在工作家庭角色冲突和晋升以及监管方面的工作满意度之间的关系中起着调节作用。

基于此，本书提出如下研究假设：

假设2：角色认同影响自我效能感与职业成功，女性领导者的角色认同越接近职业角色认同，驱动其职业成长动力就越大，即传统角色认同越强，促进其职业成长的态度及行为就越弱。职业角色认同越强，促进其职业成长的态度及行为就越强。

第五节　本章小结

本章研究主要是通过质性的研究方法，以13位女性领导者为受访对象，探寻职业成长的驱动性因素以及动态演化规律。尽管女性领导者在个性特征、家庭教育背景、职业特征等方面存在差异，但仍旧存在许多共同之处。面临职业困境或挑战时——职业关键事件,所呈现的释意要素及动态的关系采用极大化的原则可归纳为8个研究命题。

对职业成长关键事件归为两类:(1)基层进阶为中层。更多的是体现在知识与经验的积累、自我效能感的提升,强化职业角色认同,工作价值取向相对稳定(不因关键事件发生变化)。(2)中层进阶为高层。多反映在多重角色的平衡与工作价值取向的转变,自我效能感始终存在强化。在不同职业发展阶段——关键事件的分析,女性领导者的职业成长与ASD成长模型具有高度的契合性,丰富了ASD的理论模型。

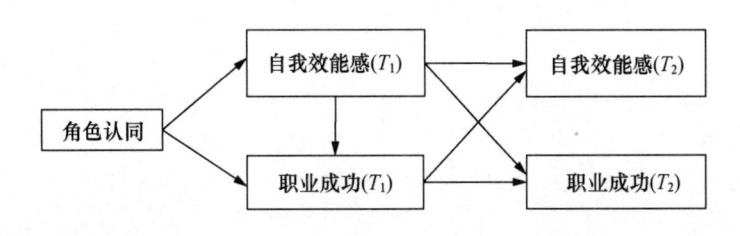

图4.17 动态关系模型

研究发现,女性领导者在其职业成长过程中,她们的心理发展具有进阶性。她们的内心世界存在着由"小我"向"大我"转变,丰富及壮大内心,呈现"心理进阶"与其职业成长有着紧密的内在联系。心理进阶,既反映于诸如自我效能感和职业角色认同的"纵向"或"垂直"维度的递增,又存在于工作价值取向等"横向"的升华或转型。最后,本书通过对关键事件的分析,她们存在共同的行为取向,即学习、反思、沟通与平衡,并进行分析。

因此,这些女性领导者在职业历程中,凭借知识与经验的积累、自我效能感的提升,职业角色认同的强化实现基层晋升为中层,在此"量变"阶段中,欲实现中层晋升到高层不仅体现在知识与经验、自我效能感和职业角色认同方面,而且最为显著的驱动因素表现在内在意愿——工作价值取向的研究。本章主要是通过质性的研究方法,从个体心理层面的研究视角出发,归纳出推动女性领导职业成长呈现心理进阶的特点,如何以量化的方式呈现这种成长的动态性,本书将在第五章进行实证分析。在实证的验证部分,重点检验自我效能感、角色认同与职业成长的动态研究关系。通过对13位企业女性领导者对关键事件的描述的研究发现,工作价值取向在短期内较为稳定,但是会存在变化或转型,而价值观取向转变的间隔时间相对较长,由于时间和资源的制约,在实证部分目前无法做到对女性领导者进行追踪研究。同时在数据处理方法上,由于工作价值取向(谋生取向、职业取向及呼唤取向)是多维度的构念,不存在取向之间的增长或减弱,通常表现在取向之间转变或转型,因此,在对工作价值取向的研究中,不能依照自我效能感的数据处理方式,方法上,对工作价值取向的研究比较复杂,在本书中只提到这一研究命题,没有对假设进行验证。

第五章 职业角色认同驱动下自我效能感与企业女性领导者职业成长的追踪研究

第一节 研究目的

本章在第四章研究命题的基础上进一步讨论，构建动态演化的关系模型，并提出研究假设，对研究变量选取度量方法，用以验证关系模型是否科学合理，以此寻求是否能对职业成长产生影响。本章将采取因子分析、相关分析和多层线性分析对数据进行分析和处理，对理论假设进行实证检验，并对其结果进行总结和讨论。

第二节 研究方法

问卷法是管理学定量研究中最普遍的方法，主要具有四方面的实用性：一是若实施得当，可成为最快速有效的收集数据的方法；二是若量表具有较高的信度、效度，且样本数量较大，则研究者可通过这种方法获取高质量的研究数据；三是该方法对被试的干扰较小，可操作性较强；四是成本比较低廉（陈晓萍、徐淑英和樊景立，2008）。基于上述原因，结合本章研究的实际情况，本章采取问卷调查法获取研究所需的数据。

在研究个体变化的过程中，行为科学研究者一直缺乏有效的方法。Harris（1963）所总结的许多相关问题仍然困扰着个人成长的定性研究。分层线性模型的发展为个体变化的研究提供了一个强大的方法体系。在应用多个时点上的有效测量时，这些模型将为研究女性领导者职业成长预测变量提供一体化的方法。许多个体变化现象可以通过多层模型来建构。针对以上分析，本书的面板数据来源于女性领导者在不同时间内的以对职业成长的重复观测为层次一的单位，层次一分析的目的是可以得出每个个体随时间的职业成长变化轨迹；个体间观测的差异为层次二的单位，层次二分析的目标是关于个体间变化的异质性，以确定预测因素和成长轨迹的关系。

在追踪研究的模型结构中，不同时间的观察结果（第一层）嵌套于被观察个体（第二层），即对每一个被试的多次观察形成第一层的数据，而个体代表的是第二层的数据。通过考察个体水平在不同时间点的差异，明确表达出个体在层次一的变化情况，因而对于数据的解释（个体随时间的增长趋势）是在个体与重复观测交互作用基础上的解释，即不仅包含不同观测时点的差异，也包含个体之间存在的差异。在最大似然或限制性最大似然估计的基础上处理缺失值，因此对原始数据的要求相对较低，不需要去除那些带有缺失值的研究对象，也不需要弥补缺失的观测值。可以定义重复观测变量之间的复杂协方差结构，对不同协方差结构进行显著性检验，通过定义数据不同层次的随机差异解释个体随时间变化的复杂情况。分层线性模型既不要求研究对象个体内的观测值相互独立，也不受某些限制性假设的制约。分层线性模型也非常容易在模型中加入时变协变量，在重复测量数据中，个体水平的协变量（如性别、种族等）是非时变变量，因为它们不随时间变化而变化，但观测水平的测量（如职位、经济收入等）都可能是时变协变量，其值可随时间的变化而发生改变。允许时变协变量的加入，使面板研究的分析更加具有灵活性和实效性。因此，本书采用分层次分析方法验证女性领导者职业成长的纵向研究。

本书的数据统计分析主要通过 SPSS19.0 和结构方程软件 AMOS17.0 进行。其中，描述性统计分析和验证性因子分析主要以 SPSS 软件和 AMOS 分析软件进行，验证女性领导者职业成长的追踪研究采用分层次分析方法，主要以 HLM 6.0 软件进行。

一 **变量测量**

通过访谈和内容分析方法获得了女性领导者对角色认同的描述，使我们对角色认同有了一个相对清晰的认识和轮廓。虽然已有研究有角色认同的一般性量表，但该量表不是针对女性人才职业成长过程性和规律性的研究，不能完全满足此次研究的需要，因此，需要就上述研究问题对量表进行修正，设计开发出经得起检验的角色认同的测量工具。

为开发出足够的测量问项，保证它们足以涵盖角色认同的理论边界，量表问项主要来自两个方面，一是已有研究的相关结论；二是根据以往文献中对角色认同的描述和前述的深度访谈结果提取的维度。

按照社会认同理论（SIT）／自我归类理论（SCT）观点，身份意识（认同）是参照群体成员关系所做的自我界定。实现认同需要具备三个条件：①通过认知确定身份；②评价和明确与身份相关的价值所在；③基于身份的情感维系。广义的身份认同，除去上述内容以外，还包括价值观一致、目标一致、共享特征、与身份有关的想法以及与身份一致的行为等其他内容。概括出本书角色认同两个维度，即传统角色认同（3个问项）与职业角色认同（6个问项），量表问项的校正工作由两位管理专业的副教授和讲师，以及一位企业管理专业的博士生负责，主要是对问项的表达、语义、概念内涵等方面进行审查，以保证问项尽可能的清晰、简洁。为了保证问项的范围广度不至于过于狭窄而影响测量效度，本书将所有问项全部纳入探索性因素分析，如表5.1所示。

表5.1　　　　　　　　　角色认同测量题项

序号	问　项	问项来源
1	男人以社会为主，女人以家庭为主	已有研究
2	女性的首要职责是照料家庭，只有在这个前提下才谈得上她的事业	访谈归纳
3	女性应该避免在社会地位上超过她的丈夫	已有研究
4	我的价值观和职业所需要的价值观是一致的	访谈修正
5	我所从事的职业具有良好的社会形象	已有研究
6	我的职业对社会是有意义的	已有研究
7	我所从事的职业可以提升我的工作能力	已有研究
8	我对所从事的职业有很大的兴趣	访谈修正
9	我所做的工作对同事和他人是有帮助的	访谈归纳

探索性因素分析是测量开发中经常应用的一种方法，通过对指标进行因素分析得到的因素负荷，可以判断构思效度的好坏，并进一步识别构思的内部结构，对指标进行删减和增补。探索性因素分析在于解释测量指标

之间的相关，估计这些指标与共同因素之间存在的共同变异，虽然在构思概念内涵上没有很强的理论指导意义，但对于测量开发的初期还是很适合的。因此，本书样本数据的描述性统计分析、信度系数计算、探索性因素分析采用 SPSS 19.0 软件进行。

数据的收集主要采用两种方式，一是发放纸质问卷，答卷者完成后或当场收回（如果条件允许），或以邮寄的方式收回；二是通过电子邮件的方式，由答卷者完成后发回。由于本部分关注的焦点是角色认同的结构特征，因而所调查的个体样本应该在感知方面具有一定的差异性，这样才能保证调研数据达到统计方差的相关要求。基于以上考虑，本书在选择抽样对象时，对不同的行业、产业及企业，以及个体特征的性别、婚育状况职位层级都有所考虑。

本轮数据收集用于探索性因素分析，根据分析结果修订测量问项。按照 Gorsuch（1983）的观点，样本数量必须满足一定的条件，探索性因素分析才能够提供较为可靠的分析结果，他提出了确定合适样本数量的两个参考标准，一是样本数量要超过问项数量的 5 倍，二是样本的数量不能少于 100。共发放调查问卷 113 份，回收 97 份，删除随意回答或者缺失值较多的无效问卷后，得到有效问卷 89 份，有效问卷回收率为 78.76%。探索性因素分析研究样本汇总情况见表 5.2。

表 5.2　　　　　　探索性因素分析研究样本汇总情况

	类别	频次（次）	频率（%）
年龄	20—29 岁	18	20
	30—39 岁	40	45
	40—49 岁	19	21
	50 岁及以上	12	14
学历	大专	34	38
	本科	46	52
	硕士	7	7.8
	博士及以上	2	2.2
婚姻状况	未婚	47	53
	已婚	40	45
	其他	2	2.2

续表

类别		频次（次）	频率（%）
子女数	暂无	58	64
	1个	29	33
	2个及以上	3	3.8
职务（称）	高级管理人员（高级职称）	23	25
	中层管理人员（中级职称）	39	44
	基层管理人员（初级职称）	27	31
岗位类别	市场销售	14	16
	客户服务	19	21
	技术研发	10	12
	生产管理	9	9.6
	行政人事	12	14
	其他	25	27
企业性质	国有企业	12	14.4
	民营企业	27	31
	外资企业	50	56

判断取样的充分性以及样本数据是否适合进行探索性因素分析的方法之一就是同时计算 KMO 值和 Bartlett's 球形检验值。按照经验法则，取样的 KMO 值越大越好，一般认为如果大于 0.9，则进行探索性因素分析的效果较好，0.7 以上尚可接受，0.6 以上分析效果较差，当 KMO 值小于 0.5 时，则认为变量之间存在正交，其相关性极弱，样本数据不适合做因素分析。Bartlett 球形检验卡方（Chi-square）值（即统计量）达到显著水平，也说明原相关矩阵之间存在共同因素，可以进行探索性因素分析。角色认同特征模型的探索性因素分析结果显示，KMO 值为 0.571；Bartlett's 球形检验近似卡方值为 183.105，自由度 df = 42，并不显著，因此，接受相关系数矩阵为单位矩阵的零假设，说明样本数据是不适合进行探索性因素分析的。

由此，本书将上述问卷题项分为传统角色认同和职业角色认同分别进行探索性因子分析。考虑到题项数目较少，传统角色认同和职业角色认同是单维度的构念，因此，进行探索性因素分析遵循以下一些原则：①因子特征值大于 1；②各个题项的因子负荷（Factor loading）值大于 0.5；

③不存在交叉负荷（Cross-loading）的情况；④每个因子的题项数应尽量大于2项，且其包含题项的信度应大于0.7；⑤因子对方差的总解释度大于60%。

（一）传统角色认同

探索性因素分析的结果（如表 5.3 所示）表明：①特征根大于 1 的因子只有一个；②3 个题项在该因子上的载荷全部大于 0.5；③该因子解释的方差达到 77.13%；④该因子包含的 3 个题项的信度为 0.89。以上结果表明，传统角色认同是一个单维度的概念，它具有良好的信度和效度。

表 5.3　　　　　　　　传统角色认同的探索性因素分析结果

题项	载荷
1. 男人以社会为主，女人以家庭为主	0.87
2. 女性的首要职责是照料家庭，只有在这个前提下才谈得上她的事业	0.85
3. 女性应该避免在社会地位上超过她的丈夫	0.85
对总方差解释力（%）	77.13
信度	0.89

（二）职业角色认同

探索性因素分析的结果（如表 5.4 所示）表明：①特征根大于 1 的因子只有一个；②6 个题项在该因子上的载荷全部大于 0.5；③该因子解释的方差达到 78.54%；④该因子包含的 6 个题项的信度为 0.91。以上结果表明，职业角色认同是一个单维度的概念，它具有良好的信度和效度。

表 5.4　　　　　　　　职业角色认同的探索性因素分析结果

题项	载荷
1. 我的价值观和职业所需要的价值观是一致的	0.87
2. 我所从事的职业具有良好的社会形象	0.87
3. 我的职业对社会是有意义的	0.86
4. 我所从事的职业可以提升我的工作能力	0.83
5. 我对所从事的职业有很大的兴趣	0.83
6. 我所做的工作对同事和他人是有帮助的	0.78
对总方差解释力（%）	78.54
信度	0.91

我们可以看出，来自角色认同特征量表的问项和通过访谈修正的问项应该分别归属于传统角色认同与职业角色认同两个构念。所有问项的归属清楚且在其应属因子上表现出最大负荷，综合来看，因素负荷矩阵结构清晰、简单明了，说明所修正的量表具备较好的构思效度，表现出了清晰的层次性和简单结构特征。

（三）自我效能感

自我效能感量表（General Self-Efficacy Scale，GSES），最早的德文版系由德国柏林自由大学的著名临床和健康心理学家 Schwarzer 教授和他的同事于 1981 年编制完成，开始时共有 20 个项目，后来改进为 10 个项目。Cronbach α 为 0.9 以上，信度较高。

（四）职业成功

对于职业成功的内涵的理解，很多学者认为衡量职业成功包括两方面的内容，主要从主观标准和客观标准考虑。本书则采用了主观指标和客观指标综合考虑，客观成功的评价包括总收入水平和晋升次数；主观成功测量指标是职业满意度。许多研究对美国德瑞索大学 Greenhaus（1990）的职业满意度量表进行应用和检验，信度系数处于 0.83—0.89，有 5 个条目，例如，"我对我的职业所取得的成功感到满意"，"我对自己职业得到的薪酬感到满意"等，信度系数 α 为 0.91；这个量表是到目前为止影响力最大，应用最为广泛的职业满意度量表。

（五）控制变量

本书将被试者的年龄、教育水平、婚姻状况、子女状况、职位层级、岗位类别和企业性质作为控制变量处理。

值得说明的是，由于上述量表主要来源于相关学者在西方国家和文化背景下开展的研究，问项能否简单移植和借用的问题一致困扰着国内学者基于本土文化的研究，为保证测量可靠性和有效性，所有量表都进行了以下两个方面的处理：一是运用标准的翻译和回译程序将量表转换为中文版本，并讨论确定合适的译句和表达；二是结合中国的管理实践，对量表问项的意义和指向、评价刻度、可能的理解和回答等方面进行仔细斟酌，以保证中文版问项在不偏离原有语义的基础上，能够被中国文化背景下的管理实践者所理解。

二　研究样本

本课题组首先利用在高校的资源，通过在上海高校 EMBA、MBA 的学员进行了一部分数据的收集,她们是人才成长中的代表性人物。另外,本课题组利用身边人的一些关系资源,对江苏省的南京市、苏州工业园区等几家企业管理人员进行问卷的发放收集。整个调研的时间是从 2011 年 3 月开始进行,于 2012 年 11 月底全部完成。在调研的过程中,进行了精心的设计,第一次测试是在 2011 年 3—5 月完成,样本的总数为 127 人,从第一次测试到最后一次测试的 18 个月内,大约有 20% 的人员因为离职等其他原因没有进行数据的采集,剔除无效样本,最终实现两次采集的有效样本总数为 73,T 检验显示,继续参与测试和退出的人员在年龄、学历、自我效能感、职业成功的第一次测试结果上没有显著差异,对于使用多层次分析方法,对数据的要求相对较低,不需要去除那些带有缺失值的研究对象,也不需要弥补缺失的观测值,详见表 5.5。需要说明的是,在调研过程中,涉及部分基层领导者,一方面是对研究对象的界定,包括基层、中层以及高层领导者;另一方面是考虑对研究对象的追踪,以此观察这些女性领导者的职业成长的动态模式,特别是企业基层和中层领导者。

表 5.5 研究样本数据汇总

	类别	样本数频次(次)	频率(%)
年龄	20—29 岁	38	52
	30—39 岁	29	40
	40—49 岁	5	6.8
	50 岁及以上	1	1.4
学历	大专	24	33
	本科	37	51
	硕士	10	14
	博士及以上	2	2.7
婚姻状况	未婚	48	66
	已婚	24	33
	其他	1	1.4
子女数	暂无	51	70
	1 个	21	29
	2 个及以上	1	1.4

续表

	类别	样本数频次（次）	频率（%）
职务（称）	高级管理人员（高级职称）	17	23
	中层管理人员（中级职称）	35	48
	基层管理人员（初级职称）	21	29
岗位类别	市场销售	12	16
	客户服务	13	17
	技术研发	7	9.6
	生产管理	5	6.8
	行政人事	19	26
	其他	17	23
企业性质	国有企业	10	13.4
	民营企业	19	26
	外资企业	44	60

三 信度与效度分析

信度和效度检验是保证数据分析结果准确性的重要指标，因此在假设检验之前，本书首先对问卷测量的信度和效度进行评估。

（一）信度分析

信度（Reliability）是表示测量工具内部一致性和稳定性程度的指标，用于考察量表的可靠性。常用的信度指标有再测信度、折半效度和Cronbach's α 信度。其中，Cronbach's α 信度系数更适用于定距尺度测量的Likert量表，因而在行为测量方面应用最广。通常认为，Cronbach's α 的值最好大于0.70；如果在0.6—0.7之间，为可以接受；如果小于0.6，则应该考虑重新修订量表或删除指标。在对量表进行Cronbach's α 检验的同时，本书采用修正后项目总相关系数评估法（Corrected Item Total Correlation，CITC）来检验量表的信度。修正后的项目总相关系数是在同一变量维度下，每一测量项目与其他所有测量项目之和的相关系数，其目的是为了减少测量条款的多因子符合现象。通常认为，CITC小于0.5的测量条款应当删除。

（二）效度分析

效度（Validity）是测验指标能正确测量出所要衡量事物性质的程度，

目的在于揭示变量和测量题项间的关系，一般分为内容效度和构思效度。常用的效度指标包括 RMSEA（平均"近似"平方和系数）、CFI（比较拟合指数）、IFI（增量拟合度指数）、χ^2/df（卡方自由度）、AGFI（调整拟合度指数）。RMSEA 主要用来比较假设模型与完美契合的饱和模型之间的差异程度，数值越大表明模型越不理想，与 RMR（残差均方和平方根）相比，RMSEA 受样本量 N 的影响较小，其值小于 0.1 表示有好的拟合，小于 0.05 表示非常好的拟合效果。CFI 反映了假设模型与无任何共变关系的独立模型的差异程度，以 0.95 为 CFI 的临界值。IFI 主要用来处理样本量对于 NFI 指数的影响，数值越大表示拟合度越佳，指标大于 0.9 视为模型具有理想的拟合度。由于卡方检验与样本数相当敏感，样本量越大，越能导致理论模型被拒绝，因而研究者多采用 χ^2/df 来考察模型的拟合度，当 χ^2/df 小于 2 时，表明模型拟合较好，在 2—5 之间时，模型可以接受。AGFI 类似于回归分析中的调整后可解释变量，数值越大则模型的契合度越高，AGFI 的判断标准与 GFI 一致，大于 0.9 时模型可以接受，GFI 为契合度指数，类似于回归分析中的可解释变异量 R^2，但是受到样本大小的影响。

表 5.6　　　　　　　　　　本书采用的检验指标汇总

拟合指数	Cronbach's α	CITC	RMSEA	CFI	IFI	χ^2/df	AGFI
取值范围	[0, 1]	[0, 1]	[0, +∞]	[0, 1]	[0, 1]	[0, +∞]	[0, 1]
临界值	[0.70, 1]	[0.50, 1]	[0, 0.05]	[0.90, 1]	[0.90, 1]	[0, 5.00]	[0.90, 1]

四　共同方差检验

由于数据的来源或评分者、测量环境、项目语境以及项目本身特征所造成的预测变量与效标变量之间人为的共变所引起的共同方法偏差，可能会对研究结果产生严重的混乱并对结论存在潜在的误导。因此，本书按照周浩和龙立荣（2004）的做法，对将涉及的变量进行探索性因子分析，4 个特征值大于 1 的公因子，解释了总方差的 73.95%，其中，解释力度最大的公因子特征值为 3.78，解释了总方差的 41.55%。检验结果表明，并未出现只有一个公因子或某一个单独因子解释了所有变量的大部分协方差的情况。

第三节 职业成长函数关系模型的构建

本书将对每一个人的多次观察视为嵌套于个体之中。因此,对于第一层数据,不能采用传统的回归模型进行分析,因为传统回归模型描述的是一个结果变量与一系列预测变量之间的关系,而应根据第一层数据的特点采用发展模型,即把多次观察结果作为时间的某种数学函数来建构模型。最简单和常用的时间函数是线性函数,相对应的发展模型就是线性发展模型或线性增长模型。其模型建构如下。

第一层:线性发展(增长)模型

$$Y_{ij} = \beta_{0j} + \beta_{1j}(TIME) + \gamma_{ij} \tag{5.1}$$

其中,Y_{ij}代表的是个体j的第i个观测值;$TIME$是线性时间变量,对它进行的编码可以反映线性增量,比如,如果有 4 个观测值,对 $TIME$ 的线性编码可以是 0、1、2、3;β_{0j}是截距,即当时间变量编码为"0"时个体j的观测值;β_{1j}是线性增长率,即个体j的线性发展斜率;r_{ij}是残差,即个体j在观测点i的值与线性发展曲线所对应点的值的离差,$Var(r_{ij}) = \sigma^2$。

通过第二层变量或者反映个体差异的变量来解释第一层的线性成长差异,于是建构确定发展变异的第二层模型。

第二层:

$$\beta_{0j} = \gamma_{00} + \sum\nolimits_{q=1}^{Q_0} \gamma_{0q} W_{qj} + \mu_{0j} \tag{5.2}$$

$$\beta_{1j} = \gamma_{1}0 + \sum\nolimits_{q=1}^{Q_0} \gamma_{1q} W_{qj} + \mu_{1j} \tag{5.3}$$

$$Var(\mu_{0j}) = \tau_{00} \tag{5.4}$$

$$Var(\mu_{1j}) = \tau_{11} \tag{5.5}$$

$$Cov(\mu_{0j}, \mu_{1j}) = \tau_{01} \tag{5.6}$$

其中,W_{qj}是个体 j 的第二层预测变量;γ_{0q}是第二层方程的回归系数,代表第二层的变量 W_q 对第一层的截距 β_{0j} 的效应;γ_{1q}是第二层方程的回归系数,代表第二层的变量 W_q 对第一层的发展斜率 β_{1j} 的效应;τ_{00} 和 τ_{11} 是在考虑第二层的预测变量 W_q 后,第一层的截距和斜率在第二层间的残差方差;τ_{01} 是截距和斜率之间的协方差。

针对本次研究的目的，了解影响的效应分析，本次研究分两步进行：第一步数据研究分为两层，第一层研究变量包括两个：①职业满意度：职业成功的指标，在18个月内施测2次，是模型第一层方程中的因变量。②时间。本书将采用测试终点为0的编码方法，采用这一编码方法，方差的截距就是最后一次测试结果的平均数，测试的时间编码为 -1 和 0。第二层研究变量包括：①传统角色认同：被试者的自评得分，是该模型第二层方程中的自变量；②职业角色认同，是该模型第二层方程中的自变量；③自我效能感，是该模型第二层方程中的自变量。第二步数据研究也分为两层，第一层研究变量包括两个：①自我效能感：在18个月内施测2次，是模型第一层方程中的因变量。②时间。第二层研究变量包括：①传统角色认同；②职业角色认同；③职业满意度，是该模型第二层方程中的自变量。

第四节 数据分析及结果

一 区分效度的验证性因子分析

不同于探索性因素分析，验证性因素分析对测量模型的判定更为直接，通过观察测量指标与假设模型的拟合程度来检验测量的构思效度。因而验证性因素分析更加强调模型的理论含义，注重理论与测量的相互融合。接下来我们将首先检验关键变量"传统角色认同"、"职业角色认同"、"自我效能感"和"职业满意度"之间的区分效度以及各个测量量表的相应测量参数。

检验量表的信度是为了保证测量的可靠性和一致性，对于反映型指标量表信度的分析通常采用内部一致性系数，即 Cronbach α 值。由于 α 系数与测量题项密切相关，而且受量表结构层次的影响，因此在社会科学研究领域，无法通过一个统一且精确的 α 系数值来判断测量的信度水平，通常认为如果量表的 α 系数值不小于 0.8、量表各维度的 α 系数达到 0.7 以上，则表示该量表具有可接受的信度。本子项研究中传统角色认同的测量条款的信度 α 系数为 0.85，职业角色认同的测量条款的信度 α 系数为 0.84，自我效能感的信度 α 系数为 0.84。本书的职业满意度的测量条款的信度 α 系数为 0.81，以上数据所反映的 α 系数均可以接受。因此，

第五章 职业角色认同驱动下自我效能感与企业女性领导者职业成长的追踪研究

传统角色认同、职业角色认同、自我效能感和职业满意度量表具有良好的信度。

评价模型拟合程度的指标有很多,此次研究选择在验证性因素分析中常用的四个指标:卡方与自由度的比值(Chi-square/df)、近似误差均方根(RMSEA)、标准拟合指数(Normal Fit Index,NFI)和相对拟合指数(CFI),用以比较不同模型与样本数据的拟合程度。

各模型的拟合指标见表 5.7 验证性因素分析拟合指数。M0 为观察变量相互独立的虚无模型;M1 为所有 22 个题项都直接指向单维模型;M2 为两因素模型;M3 为三因素结构模型;M4 为四因素结构模型。本书采用 AMOS 17.0 对关键变量进行验证性因素分析(Confirmatory Factor Analyses,CFA),在四因子模型、三因子模型以及单因子模型之间进行对比。卡方与自由度的比值能有效弥补样本规模(样本信息)对卡方检验判断的偏误影响,通常的判断标准为:如果卡方与自由度的比值小于 2,则模型与样本数据的拟合较好。结果显示假设模型 M4 的拟合程度要优于备选模型;RMSEA,一般判断标准为当其值小于 0.1 则说明模型与数据的拟合程度可以接受,NFI 表示模型能解释总体样本数据变异的程度,CFI 则是对样本规模大小做出的调节,以规避样本数量的影响。结果显示,假设模型 M4 的拟合程度比较理想,表明测量具有较好的区分效度。

表 5.7 验证性因素分析结果

模型	χ^2/df	P 值	RMSEA	NFI	CFI
M0 虚无模型[a]	10.02	0.00			
M1 单维模型[b]	8.13	0.00	0.19	0.62	0.69
M2 两因素模型[c]	5.49	0.00	0.17	0.77	0.77
M3 三因素模型[d]	3.33	0.00	0.11	0.87	0.79
M4 四因素模型	1.43	0.00	0.08	0.91	0.89

注:a:在虚无模型中,所有测量项目之间没有关系;b:将所有项目归属于同一个潜在因子;c:传统角色、职业角色认同和自我效能感合并为一个因子;d:传统角色和职业角色认同合并为一个因子。

二　变量的描述性统计分析

表 5.8 总结了变量的平均值、方差以及相关系数。结果显示，职业角色认同与自我效能感 T_1（$r=0.379$，$p<0.01$）、职业满意度 T_1（$r=0.256$，$p<0.05$）及职业满意度 T_2（$r=0.292$，$p<0.05$）呈现出显著的正相关关系。自我效能感 T_1 与职业满意度 T_1（$r=0.561$，$p<0.01$）、自我效能感 T_2（$r=0.224$，$p<0.05$）呈现出显著的正相关关系。职业满意度 T_1 与自我效能感 T_2（$r=0.272$，$p<0.05$）呈现出显著的正相关关系。自我效能感 T_2 与职业满意度 T_2（$r=0.367$，$p<0.01$）呈现出显著的正相关关系。此外，年龄与职业角色认同（$r=-0.231$，$p<0.05$）和职业满意度（$r=-0.297$，$p<0.05$）呈现显著的负相关，子女数与职业满意度（$r=-0.271$，$p<0.05$）呈现显著的负相关，职位层级与职业满意度（$r=0.256$，$p<0.05$）呈现出显著的正相关关系。婚姻状况、教育水平、岗位类别与角色认同、自我效能感和职业满意度均没有显著的相关关系。以上数据表明，职业角色认同与自我效能感和职业满意度在不同时点上存在显著的正向关系，支持假设 3，即职业角色认同与自我效能感存在正向影响，对职业成长的驱动作用显著。本书中的年龄结构偏重于 35 岁左右，职位层级多分布在中层领导并处于晋升的成长阶段，因此，数据的结果是值得信服的。

表 5.8 所显示的是主要变量之前的相关性，并不能较为直观地体现出影响职业成长动态变化的研究关系，以及变量之间关系的强弱。所以本书仍旧将这些主要的变量数据利用多层次分析的方法，检验变量间动态变化的方向与强弱。

三　职业满意度的增长模型

表 5.9 是对职业满意度线性模型的估计结果，这部分结果来自对 127 位中高层领导者的两次测试，其中有部分人员没有参加测试（两次均参加为 73 位），用多层次模型分析研究的资料，既不要求所有个案都有全部测试结果，也不要求各个测试之间的时间间隔相等。考虑到职业发展是一个长期的过程，需要不断进行追踪研究，因此本书中测试的时间间隔为 18 个月左右，两次测试的时间编码为 -1 和 0，方程的截距就是最后一次职业满意度测试结果的平均数。

第五章 职业角色认同驱动下自我效能感与企业女性领导者职业成长的追踪研究

表 5.8 各主要变量的均值、方差和相关关系

变量	平均值	标准差	1	2	3	4	5	6	7	8	9	10	11	12	13
1. 年龄[a]	1.58	0.686	1.00												
2. 婚姻状况	1.36	0.510	0.637**	1.00											
3. 子女数	1.32	0.497	0.603**	0.812**	1.00										
4. 教育水平	1.88	0.744	0.059	0.117	−0.006	1.00									
5. 岗位类别	3.88	1.80	−0.043	.018	0.044	0.320**	1.00								
6. 职位层级[b]	2.89	1.04	−0.399**	−0.267**	−0.256*	−0.126	0.030	1.00							
7. 企业性质	2.86	1.15	0.049	0.061	−0.021	0.126	0.173	−0.001	1.00						
8. 传统角色认同	3.22	0.89	−0.126	−0.062	−0.138	0.154	0.098	0.147	0.262*	1.00					
9. 职业角色认同	3.90	0.61	−0.231*	−0.181	−0.116	0.212	−0.028	0.004	−0.086	0.171	1.00				
10. 自我效能感 T₁	3.64	0.57	0.025	−0.038	0.036	0.186	0.176	−0.189	0.090	−0.035	0.379**	1.00			
11. 职业满意度 T₁	3.28	0.67	0.201	−0.005	0.002	0.079	0.039	0.256*	0.042	−0.181	0.256*	0.561**	1.00		
12. 自我效能感 T₂	3.80	0.50	−0.048	0.000	−0.081	−0.148	−0.118	−0.060	0.251*	−0.025	0.208	0.224*	0.272*	1.00	
13. 职业满意度 T₂	3.20	0.75	−0.297*	−0.218	−0.271*	0.117	0.120	0.211	0.187	0.096	0.292*	0.164	0.106	0.367**	1.00

注：n = 73；** $p < 0.01$，* $p < 0.05$
a 年龄 1：20—29 岁；2：30—39 岁；3：40—49 岁；4：50 岁以上
b 职位层级 1：基层领导；2：中层领导；3：高层领导

(一) 线性增长模型

表 5.9 结果中,截距最后一次职业满意度测试结果的平均值为 3.537671,斜率系数 0.518265 表明每增加 18 个月时间,满意度测试数值的平均量增加 0.5 左右,且截距和斜率系数的检验结果显著。第一层的误差变异 0.32986 相对较大,这说明每一个人员两次测试有较大的差异。截距和斜率在个体之间差异显著(相应的方差分别是 0.26314 和 0.44690),说明第二次测试在个体之间差异显著,另外个体之间的职业生涯发展轨迹也有明显差异。

表 5.9 职业满意度的线性发展模型

固定效应	系数	标准误	T 值	
For INTRCPT1, B0				
INTRCPT2, G00	3.537671	0.053075	66.655*	
For 测试时间 slope, B1				
INTRCPT2, G10	0.518265	0.086732	5.975*	
随机效应	标准差	自由度	卡方	信度
For INTRCPT1, U 0				
INTRCPT2, G00	0.26314	72	130.04111**	0.446
For 测试时间 slope, U 1				
INTRCPT2, G10	0.44690	72	107.83190**	0.332
Error	0.32986			

下一步,将用个体第一次测试时的传统角色认同、职业角色认同和自我效能感来解释斜率和截距之间的这种变异。在这里我们构建两层模型,检验传统角色认同、职业角色认同和自我效能感对个体职业满意度变化的预测效果,本书中带有第二层自变量的线性增长模型包含两种情况,在模型 1 的第二层方程中,自变量包括传统角色认同、职业角色认同,在模型 2 的方程中,增加了自我效能感这一自变量。首先是模型 1 的方程如下:

模型 1 的第一层方程为:

$$职业满意度 = \beta_0 + \beta_1 (TIME) + \gamma \tag{5.7}$$

模型 1 的第二层方程为:

$$\beta_0 = \gamma_{00} + \gamma_{01} (传统角色认同) + \gamma_{02} (职业角色认同) + \mu_0 \tag{5.8}$$

$$\beta_1 = \gamma_{10} + \gamma_{11} (传统角色认同) + \gamma_{12} (职业角色认同) + \mu_1 \tag{5.9}$$

第五章 职业角色认同驱动下自我效能感与企业女性领导者职业成长的追踪研究

其次是模型 2 的方程如下：

模型 2 的第一层方程为：

$$职业满意度 = \beta_0 + \beta_1 (TIME) + \gamma \quad (5.10)$$

模型 2 的第二层方程为：

$$\beta_0 = \gamma_{00} + \gamma_{01}（传统角色认同）+ \gamma_{02}（职业角色认同）+ \gamma_{03}（自我效能感）+ \mu_0 \quad (5.11)$$

$$\beta_1 = \gamma_{10} + \gamma_{11}（传统角色认同）+ \gamma_{12}（职业角色认同）+ \gamma_{13}（自我效能感）+ \mu_1 \quad (5.12)$$

表 5.10 和表 5.11 分别是模型 1 和模型 2 的测试结果。

表 5.10　　职业满意度模型 1 的最终估计（稳健标准误差）

固定效应	系数	标准误	T 值	自由度	P 值
For　INTRCPT1，B0					
INTRCPT2，G00	3.537671	0.050778	69.669	70	0.000
传统角色认同，G01	-0.121450	0.112694	-1.078	70	0.125
职业角色认同，G02	0.028109	0.069534	0.0404	70	0.004
For　测试时间 slope，B1					
INTRCPT2，G10	0.518265	0.80503	6.438	140	0.001
传统角色认同，G11	0.128917	0.170926	0.754	140	0.005
职业角色认同，G12	0.386526	0.154064	2.509	140	0.000

变异（方差）*的最终估计

随机效应	标准差	变异成分	自由度	卡方	P 值
INTRCPT1，U0	0.27424	0.07521	70	108.24968	0.000
时间 slope，U1	0.61237	0.40743	70	97.36854	0.002
Level-1，R	0.50385	0.25387			

协方差模型统计

Deviance　　　　　　　　　　= 264.180403

Number of estimated parameters　　= 2

在第一个模型中，用传统角色认同和职业角色认同影响或预测职业满意度的截距和成长斜率。就截距来说，所有第二层固定部分的参数达到了统计学意义上的显著水平，具体来说，传统角色认同和职业角色认同对截距（传统角色认同的系数是 -0.1214，职业角色认同的系数是 0.0281）和发展率（传统角色认同的系数是 0.1289，职业角色认同的系数是 0.3865，$p<0.01$），而传统角色认同对发展率的效果不显著（$p>0.5$）。针对职业角色认同预测变量来说，初始值越高，越有利于职业成长。如果不考虑这些预测变量，截距和斜率的方差分别是 0.26314 和 0.44690，添加这些变量后，截距和斜率的方差分别变成 0.0752 和 0.4074，这些预测变量解释了截距 71.42% [$(0.26314-0.0752)/0.26314=71.42\%$] 的方差，同时也有 8.84% [$(0.44690-0.4074)/0.44690=8.84\%$] 的斜率方差被这些变量解释。

表 5.11　　职业满意度模型 2 的最终估计（稳健标准误差）

固定效应	系数	标准误	T 值	自由度	P 值
For　INTRCPT1, B0					
INTRCPT2, G00	3.537671	0.046375	76.285	69	0.000
传统角色认同, G01	−0.063287	0.097640	−0.648	69	0.019
职业角色认同, G02	0.192465	0.152742	1.260	39	0.000
自我效能感, G03	0.318652	0.083953	3.796	69	0.000
For　测试时间 slope, B1					
INTRCPT2, G10	0.518265	0.070348	7.367	138	0.000
传统角色认同, G11	0.135004	0.107206	1.259	138	0.210
职业角色认同, G12	0.276468	0.127471	2.169	138	0.511
自我效能感, G13	0.153827	0.148216	1.038	138	0.006

变异（方差）的最终估计

随机效应	标准差	变异成分	自由度	卡方	P 值
INTRCPT1, U0	0.26935	0.07271	69	116.48659	0.000

续表

变异（方差）的最终估计

随机效应	标准差	变异成分	自由度	卡方	P值
时间 slope, U1	0.57894	0.24781	69	97.86945	
Level-1, R	0.44359	0.19677			

协方差模型统计

Deviance = 268.763360

Number of estimated parameters = 2

在第二个模型中，除了上述4个自变量，另增加一个新的自变量——自我效能感，从而把个体职业成长轨迹的变异中的自我效能感的单独贡献率分离开。具体而言，与模型1相比，模型2中截距和斜率的方差分别减少了3.33%［（0.07521－0.07271）/0.07521＝3.33%］和36.18%［（0.4074－0.2478）/0.4074＝36.18%］，方差减少的部分即自我效能感变量所解释的变异比例。

（二）第二层自变量的探索性分析

本书通过探索性分析，可以将"年龄"、"子女数"、"职位层级"、"企业性质"4个变量显示被包含进模型方程后各自可能的重要性大小。通过对每个将要进入模型的第二层方程的变量的经验贝叶斯残差进行回归，结果显示出每个潜在自变量进入方程后的系数值、标准误估计值和进入方程的 t 值（t-to-enter）大小。

从表5.12结果可以看出这4个变量被添加到第二层的两个方程中后各自的可能效应。无论是截距还是斜率，企业性质的可能效应最小，相应的系数分别是 -0.024 和 -0.207，对应的 t 值也均未达到显著水平。而年龄和职位层级的潜在效应最大，年龄截距及斜率的回归系数分别为 0.031 和 0.073，职位层级截距及斜率的回归系数分别为 0.070 和 0.081，且对应的 t 值也较其他变量大。

表 5.12 第二层自变量的探索性分析结果

第二层自变量	潜在探索性因子			
	年龄	子女状况	职位层级	企业性质
INTRCPT1，B0				
Coefficient	0.031	−0.028	0.070	−0.024
Standard Error	0.029	0.040	0.039	0.017
t value	1.056	−0.701	1.796	−1.410
	年龄	子女状况	职位层级	企业性质
测试时间，B1				
Coefficient	0.073	−0.061	0.081	−0.207
Standard Error	0.143	0.006	0.029	0.234
t value	1.933	−1.020	2.260	−1.776

四 自我效能感的增长模型

(一) 线性增长模型

表 5.13 结果中，截距最后一次自我效能感测试结果的平均值为 3.418950，斜率系数 0.236073，表明每增加 18 个月时间，测试数值的平均量增加 0.24 左右，且截距和斜率系数的检验结果显著。截距和斜率在个体之间差异显著（相应的方差分别是 0.29953 和 0.09741），说明第二次测试在个体之间差异显著，另外个体之间的自我效能感也有明显差异。

表 5.13 自我效能感线性发展模型

固定效应	系数	标准误	T 值
For　INTRCPT1, B0			
INTRCPT2, G00	3.418950	0.087268	36.679*
For 测试时间 slope, B1			
INTRCPT2, G10	0.236073	0.100432	4.342*

随机效应	标准差	自由度	卡方	信度
For INTRCPT1, U0				
INTRCPT2, G00	0.29953	72	99.02470*	0.273
For 测试时间 slope, U1				
INTRCPT2, G10	0.09741	72	52.47150*	0.001
Error	0.05480			

下一步，将用个体第一次测试时的传统角色认同、职业角色认同和职业满意度来解释斜率和截距之间的这种变异。在这里我们构建两层模型，检验传统角色认同和职业角色认同等对个体自我效能感的预测效果，本书

第五章 职业角色认同驱动下自我效能感与企业女性领导者职业成长的追踪研究

带有第二层自变量的线性增长模型包含两种情况,在模型 1 的第二层方程中,自变量包括传统角色认同和职业角色认同,在模型 2 的方程中,增加了职业满意度这一自变量。模型 1 的方程如下:

模型 1 的第一层方程为:

$$自我效能感 = \beta_0 + \beta_1 (TIME) + \gamma \quad (5.13)$$

模型 1 的第二层方程为:

$$\beta_0 = \gamma_{00} + \gamma_{01}(传统角色认同) + \gamma_{02}(职业角色认同) + \mu_0 \quad (5.14)$$

$$\beta_1 = \gamma_{10} + \gamma_{11}(传统角色认同) + \gamma_{12}(职业角色认同) + \mu_1 \quad (5.15)$$

模型 2 的方程如下:

模型 2 的第一层方程为:

$$自我效能感 = \beta_0 + \beta_1 (TIME) + \gamma \quad (5.16)$$

模型 2 的第二层方程为:

$$\beta_0 = \gamma_{00} + \gamma_{01}(传统角色认同) + \gamma_{02}(职业角色认同) + \gamma_{03}(自我效能感) + \mu_0 \quad (5.17)$$

$$\beta_1 = \gamma_{10} + \gamma_{11}(传统角色认同) + \gamma_{12}(职业角色认同) + \gamma_{13}(自我效能感) + \mu_1 \quad (5.18)$$

表 5.14 和表 5.15 分别是模型 1 和模型 2 的测试结果:

表 5.14 自我效能感模型 1 的最终估计(稳健标准误差)

固定效应	系数	标准误	T 值	自由度	P 值
For INTRCPT1, B0					
INTRCPT2, G00	3.418950	0.055454	61.653	70	0.000
传统角色认同, G01	-0.011961	0.102691	-0.116	70	0.908
职业角色认同, G02	0.202102	0.078477	2.575	70	0.013
For 测试时间 slope, B1					
INTRCPT2, G10	0.236073	0.087910	-4.960	140	0.000
传统角色认同, G11	-0.106548	0.198293	-0.537	140	0.591
职业角色认同, G12	0.402824	0.126810	3.177	140	0.002

变异(方差)的最终估计

随机效应	标准差	变异成分	自由度	卡方	P 值
INTRCPT1, U0	0.21461	0.08972	70	108.26436	0.002
时间 slope, U1	0.01831	0.05031	70	101.59821	0.000

续表

变异（方差）的最终估计

随机效应	标准差	变异成分	自由度	卡方	P值
Level-1, R	0.55021	0.30273			

协方差模型统计

Deviance	=288.130985
Number of estimated parameters	=2

在第一个模型中，用传统角色认同和职业角色认同来预测自我效能感的截距和成长斜率。就截距来说，所有第二层固定部分的参数达到了统计学意义上的显著水平，具体来说，职业角色认同对截距（系数是0.2021）和发展率（系数是0.4028）效果显著，而传统角色认同对截距和发展率的效果均不显著。针对职业角色认同变量来说，初始值越高，越有利于自我效能感的提升。如果不考虑这些预测变量，截距和斜率的方差分别是0.29953和0.09741，添加这些变量后，截距和斜率的方差分别变成0.21461和0.0183，这些预测变量解释了截距28.35%〔(0.29953-0.21461)/0.29953=28.35%〕的方差，同时也有81.20%〔(0.09741-0.0183)/0.09741=81.20%〕的斜率方差被这些变量进行解释。

表5.15　　自我效能感模型2的最终估计（稳健标准误差）

固定效应	系数	标准误	T值	自由度	P值
For　INTRCPT1, B0					
INTRCPT2, G00	3.418950	0.049239	69.436	69	0.000
传统角色认同, G01	-0.018347	0.091727	-0.200	69	0.842
职业角色认同, G02	0.215524	0.069062	3.121	69	0.335
职业满意度, G03	0.342536	0.084886	4.035	69	0.000
For　测试时间 slope, B1					
INTRCPT2, G10	0.236073	0.085797	-5.083	138	0.000
传统角色认同, G11	-0.101751	0.188211	-0.541	138	0.589
职业角色认同, G12	0.392742	0.127913	3.070	138	0.003
职业满意度, G13	0.302411	0.185958	1.626	138	0.106

变异（方差）的最终估计

随机效应	标准差	变异成分	自由度	卡方	P值
INTRCPT1, U0	0.13558	0.04647	67	88.27148	0.002

第五章　职业角色认同驱动下自我效能感与企业女性领导者职业成长的追踪研究

续表

随机效应	标准差	变异成分	自由度	卡方	P值
时间 slope，U1	0.01453	0.03248	67	79.15983	0.000
Level – 1，R	0.54105	0.29274			

协方差模型统计

Deviance	=273.947974
Number of estimated parameters	=2

在第二个模型中，除了上述 4 个自变量，另增加一个新的自变量——职业满意度，从而把个体职业成长轨迹的变异中职业满意度的单独贡献率分离开。具体而言，与模型 1 相比，模型 2 中截距和斜率的方差分别减少了 36.82%〔（0.21461 – 0.13558）/0.21461 = 36.82%〕和 20.65%〔（0.01831 – 0.01453）/0.01831 = 20.65%〕，方差减少的部分即职业满意度变量所解释的变异比例。

（二）第二层自变量的探索性分析

同样通过探索性分析，可以将"年龄"、"子女状况"、"职位层级"、"企业性质" 4 个变量显示被包含进模型方程后各自可能的重要性大小。通过对每个将要进入模型的第二层方程的变量的经验贝叶斯残差进行回归，结果显示出每个潜在自变量进入方程后的系数值、标准误估计值和进入方程的 t 值（t – to – enter）大小。

表 5.16　　　　　第二层自变量的探索性分析结果

第二层自变量	潜在探索性因子			
	年龄	子女状况	职位层级	企业性质
INTRCPT1，B0				
Coefficient	-0.036	-0.027	0.010	0.011
Standard Error	0.017	0.024	0.012	0.010
t value	-2.102	-1.103	1.862	1.054
	年龄	子女状况	职位层级	企业性质
测试时间，B1				
Coefficient	0.003	-0.106	0.507	0.111
Standard Error	0.017	0.013	0.009	0.360
t value	1.018	-0.022	2.191	0.981

同样数据显示，这4个变量被添加到第二层的两个方程中后各自的可能效应。无论是截距还是斜率，子女状况的可能效应最小对应的 t 值也均未达到显著水平。而职位层级的潜在效应最大，且对应的 t 值也较其他变量大。

第五节 本章小结

本章通过数据分析得出，主要研究变量具有较好的信效度水平，职业角色认同与自我效能感和职业满意度在不同时点上存在显著的正向关系，即职业角色认同与自我效能感存在正向影响，对职业成长的驱动作用显著。人口统计变量上，年龄结构偏重于35岁左右，职位层级多分布在中层领导并处于晋升的成长阶段。通过多层分析方法检验了自我效能感与职业满意度之间的动态演化性：（1）检验自我效能感对职业满意度的检测结果显示，针对职业角色认同预测变量来说，初始值越高，越有利于职业成长。加入自我效能感后，其贡献度最大（3.33%与36.18%），即人才培养过程中，更应当重视自我效能感。第二层自变量的潜在性分析中年龄和职位层级的潜在效应最大，企业性质的可能效应最小。（2）检验职业满意度对自我效能感的研究结果显示，职业满意度对自我效能感的影响最大（36.82%与20.65%），其次是职业角色认同，初始值越高，越有利于自我效能感的提升。第二层自变量的潜在性分析中职位层级的潜在效应最大，子女状况的可能效应最小。

通过以上数据，研究发现：（1）职业角色认同与自我效能感对职业成长的驱动作用最大，并且年龄和职位层级的潜在效应最大，相关性分析结果显示年龄结构偏重于35岁左右，职位层级多分布在中层领导并处于晋升的成长阶段。这一研究发现，与本书的第四章内容在分析职业成长关键事件中，中层女性领导者晋升为高层的研究发现相一致。（2）职业满意度影响下一阶段的自我效能感 T_2，突出表现在职位层级潜在效应最大。此研究结论验证了自我效能感的递增性、阶段性、时效性以及可塑性的特点。

本章的研究结论证实了自我效能感与职业成功存在着动态演化模式，验证了第四章提出的研究假设。

第六章 研究结论与启示

本书以成功的企业女性领导者为研究对象，从个体心理层面视角出发，深入剖析职业成长的驱动因素和要素之间的动态演化关系。在实证研究中，针对个体职业发展的不同时间阶段进行追踪研究，以此验证职业成长中的驱动要素之间的动态演化关系，进而归纳出推动女性领导者职业成长的研究结论或建议，指导于现实生活或解决现实问题。

鉴于在每个章节的研究后都进行了讨论或总结，以下内容将按照研究的主要结论、研究取得的理论进展、研究的实践意义、研究的局限性和展望等四个部分的顺序依次展开。

第一节 本书的主要结论

一 企业女性领导者职业成长的驱动因素

本书的第四章，以探寻企业女性领导者的职业成长的驱动因素及作用过程为目的，通过对企业女性领导者的深度访谈所获资料的分析，发现这些女性领导者具有共同特点：①在其职业历程中，她们都能够不断明确职业动机/目标，自我效能感逐渐增强，呈现自我价值和社会价值的工作价值取向。②在面临不同职业阶段时角色的转变，她们能够认清自我，通过工作—家庭—社会的平衡，实现三方面的增益。除此之外，她们的成功离不开外部的支持与认可。

本书通过对访谈资料进行类别与主题分析、领域式的分析以及格式塔分析后，归纳出如下研究命题：

1. 驱动女性领导者职业成长的因素可区分为内在脉络与外在脉络，内在脉络主要涉及工作价值取向、自我效能感/自信和知识与经验，外在脉络主要涉及家庭支持、领导同事支持、工作机会。不同因素对女性领导者职业成长产生影响大小不同。

2. 角色认同是影响女性领导者职业成长的核心要素。内容包括传统角色认同与职业角色认同，伴随女性领导者在家庭和职业成长中存在交互影响（案例部分已有阐述）。女性领导者对角色认同的差异，会进一步影响到内在脉络与外在脉络诠释内容的不同。

3. 诠释推移形成的三种方式，即反馈性推移、导向性推移及转型性推移三个方向，引发女性领导者职业成长的学习、沟通、反思与平衡的四种行为。女性领导者的承诺性诠释结果归纳为主观方面，包括工作意义、职业满意、自信提升；客观方面，包括物质待遇与快速晋升、职业专长、能力提升等。

4. 女性领导者的承诺性诠释与其角色认同、对内在和外在脉络的诠释、行为表现以及诠释的推移在逻辑上具有连贯性，职业角色认同强调工作业绩、能力提升、物质回报、职业满意等职业价值取向，多重角色认同强调工作意义、员工成长等自我价值和社会价值的实现。女性领导者的角色认同越接近职业角色认同，驱动其职业成长动力越大。

二 职业成长驱动因素的动态过程

本书发现女性存在的双重身份的交互影响，并以此为基础综合认同理论、心理资本理论、学习理论、自我效能理论等研究成果，通过质性和实证两种研究方式的结合，构建了女性领导者职业成长的动态演化关系模型。

具体而言，女性在职业成长过程中的经历、感受以及行为方式均伴随着认知体系的不断建构，相互影响，呈现动态发展性。这也恰恰符合社会认知理论中，通过社会互动过程，在社会情境中研究自我。驱动女性领导者职业成长的内在脉络与承诺性诠释中各主要因素相互影响，并且两者之间存在互动关系，突出表现在工作价值取向、自我效能感的动态演化以及知识与经验的积累。

（一）进阶路径

职业成长的关键事件存在两种类型的进阶路径，并在不同职业情境下，ASD 动态成长模型能契合于女性领导者的职业成长。

1. 基层进阶为中层。在 18 个关键事件的描述中有 11 项体现着此种类别，另外 6 位女性领导者虽然没有明确提出，但是在她们的职业成长中，能够发现共同的影响因素与行为特征。在对这类事件的描述中，13

位女性都能够凭借着自身的优势、能力与经验等实现职业成长,在现实生活中,有很多女性印证了这一事实。然而,再进一步突破的女性高层次的领导者数量锐减。

2. 中层进阶为高层。对于成为高层次的女性领导者而言,她们的关键事件不仅仅体现在某项任务的完成,而是更多地展示出她们是如何实现"质变"的。本书发现,自我效能感与知识经验的积累伴随她们职业成长的整个过程,正是由于这两种"量变"因素的作用,才能够促成她们职业巅峰的"质变"。通过职业角色的认同以及量变的积累,发现工作意义,个人和社会的价值探寻,冲破了心理因素的障碍,顺利地实现中层到高层的晋升或工作价值取向的转型。

因此,从以上两种关键事件的归类,基层进阶为中层更多的是体现在知识与经验的积累、自我效能感的提升、强化职业角色认同、工作价值取向相对稳定(不因关键事件发生变化)。中层进阶为高层的事件多反映在多重角色的平衡与工作价值取向的转变,自我效能感始终存在着强化。

(二) 演化关系

女性领导者的职业成长是一个动态的发展过程,其心理状态的自我效能感、工作价值取向以及职业满意度等具有进阶性,心理进阶与其职业成长有着紧密的内在联系。通过案例深入访谈,研究发现她们的内心世界也存在着由"小我"向"大我"转变,丰富及壮大内心,均呈现"心理进阶"与其职业成长有着紧密的内在联系。心理进阶,既反映于诸如自我效能感和职业角色认同的"纵向"或"垂直"维度的递增,又存在于工作价值取向等"横向"的升华或转型。角色认同体现了连贯性和阶段性、矛盾性和互动性以及时代性。自我效能感呈现强化或弱化特性以及时效和可塑的特性。相对于自我效能感而言,工作价值取向体现多维度和阶段的特性。女性领导者的工作价值取向随着职业生涯的发展不断进行调试,其职业发展的每个阶段,都有一个相对重要的价值取向作为核心价值观。角色认同影响自我效能感与工作价值取向,传统角色认同越强,促进其职业成长的态度及行为就越弱,职业角色认同越强,促进其职业成长的态度及行为就越强。

通过实证验证了自我效能感与职业生涯成功(职业满意度)存在正相关和动态的影响关系。即自我效能感(T_1)对职业满意度(T_1)呈显著的正向预测作用,并且职业满意度(T_1)会影响下一阶段的自我效能感（T_2），以此形成动态的相互影响路径。

（三）职业成长的行为分析

关键事件是个人或团队在其成长过程中形成自己特有工作与行为方式的重要因素。女性职业成长中角色的认知以及内在脉络的形成，将其归结为两种来源：一种是由外在学习所形成的认知模式，另一种是由内在启发所形成的认知模式。对此，可以概括为外在的学习过程以及内在的反思过程。本书就在对女性领导者的职业成长中角色的认知以及内在脉络的形成上，除了发现以上两点之外，平衡机制和沟通机制对于其职业成长具有非常重要的意义。

（四）职业成长动态演化关系的实证检验

企业女性领导者在其职业成长中存在心理进阶的研究发现，是个体与情境在适应—选择—发展（ASD）交互作用下进行的。纵向追踪被访者的职业经历，自我实现的过程就是"小我"向"大我"转变的过程，是自我不断扩展延伸的过程。

本书采用多层次分析方法验证了自我效能感与职业满意度存在着互动演化关系。在检验自我效能感对多阶段职业成功的影响中，自我效能感的贡献度最大，其次是职业角色认同，而传统角色认同并不显著，在这一阶段的分析中，年龄和职位层级的潜在效应最大。同时，在检验反向作用影响时，研究结果显示了职业满意度对自我效能感的影响最大，其次是职业角色认同，第二层自变量的潜在性分析中职位层级的潜在效应最大。

鉴于此，职业角色认同与自我效能感对职业成长的驱动作用最大，并且年龄和职位层级的潜在效应最大，相关性分析结果显示年龄结构偏重于35岁左右，职位层级多分布在中层领导并处于晋升的成长阶段。这与本书的第四章内容在分析职业成长关键事件中，中层女性领导者晋升为高层的研究发现相一致。职业满意度影响下一阶段的自我效能感 T_2，突出表现在职位层级潜在效应最大。此研究结论论证了女性领导者职业成长与心理进阶的内在联系。

三 企业女性领导者职业成长呈现的进阶规律

本书将就企业女性领导者职业成长的研究内容进行如下阐述，最终明确此次的研究目的，即从个体层面考虑，基于动态发展的视角，应为女性领导者顺利实现职业成长设定怎样的路径——这一核心问题的探索，对女性领导者的职业成长所呈现的进阶规律概括如下：

1. 女性领导者的职业成长呈现隐性和显性双重结合的进阶规律，通过不断的学习、反思、沟通以及平衡四种行为作用于心理进阶与职业成长之间的互动关系。

对于进阶的理解，存在着四种解释：①进升官阶。清代吴振棫《养吉斋丛录》卷三："是其时将军为提督进阶，非实有其官也。"②犹台阶。中国近代史资料丛刊《辛亥革命·武昌起义清方档案·清吏条陈》："彼其胸中久已视忠孝为迷信，视暴动为文明之进阶。"③层次或等级提高。在修真、玄幻小说中经常出现的用语。④在原来的基础上有较大程度的提高，但在层次上低于和没有达到质变境界。本书将进阶诠释于女性领导者的职业成长，主要选择第一种解释。

心理进阶既反映于自我效能感和职业角色认同的"纵向"或"垂直"维度的递增，又存在于工作价值取向等"横向"的升华或转型，属于隐性的表征，其关键性因素为职业角色认同、自我效能感以及工作价值取向。本书反映在心理进阶的关键性因素为女性领导者职业成长提供了可培养的方向。在她们的职业成长过程中，面对不同的职业情境，通过不断的学习、反思、沟通以及平衡四种行为实现个体与外部情境之间的互动，有必要采取相应的行为策略，顺利实现个体能力或职位的晋升（显性），即个体与外部情境的匹配与嵌入，在不同的职业成长阶段，实现内在心理和职业成长的双重进阶。

2. 女性领导者的职业成长呈现时空耦合的进阶规律，表现职业成长与 ASD 成长模型的契合，以及心理进阶多阶段演化。

《辞海》关于"耦合"的解释为两个（或两个以上的）体系或运动形式之间，通过各种相互作用而彼此影响的现象。金观涛认为，"任何有组织的整体都可以用功能耦合系统来研究。实际上，在近几十年兴起的种种边缘学科中，科学家们早就在运用这种方法了"。一切生命体或类生命体组织都是一个复杂的功能耦合网络和调适这个网络的运行机制。

女性领导者的职业成长在空间—层次和时间—层次上具有一定的耦合性。女性领导者不同进阶阶段与 ASD 成长模型的契合，是个体与情境之间互动作用的结果，ASD 成长模型为女性领导者的职业成长提供了行为策略，以此达到个体与外部情境的匹配与嵌入，实现职位进阶。女性人才是具有层次性的，不同职位层次的发展模式与管理策略是有差别的，这是由人才成长层次性规律本身所决定的，女性领导者在面临不同的职业发展阶段时，其职业追求与行为有所不同，Mainiero 和 Sullivan（2005）提出的"万花筒职业生涯"概念说明女性的整个生命周期中真实性、平衡和挑战三者的相对重要性取决于女性的职业和生活背景，三者分别是处于职业生涯晚期、中期和早期女性职业发展的追求焦点，以求得最佳平衡，体现于职业成长的空间—层次上的耦合。

女性领导者在其职业成长中个体与情境（关键事件）——管理策略和应对措施的选择（S阶段）——发展演进和提升的条件（D阶段）——实现更高水平上的适应（A阶段）的理论路径和逻辑递进关系，即ASD的D_1与ASD的A_2存在耦合的关系，存在时间上的一致性。在本书的第五章，通过多层次分析法，也验证了不同时间节点的自我效能感与职业满意度存在相互影响的关系。即职业角色认同与自我效能感T_1、职业满意度T_1及职业满意度T_2呈现出显著的正相关关系。自我效能感（T_1）对职业满意度（T_1）呈显著的正向预测作用，并且职业满意度（T_1）会影响下一阶段的自我效能感（T_2），以此形成动态闭合的相互影响路径，体现于职业成长的时间—层次上的耦合。

3. 女性领导者的职业成长呈现过程转化的规律，即人才成长模式的转化和职位进阶的规律过程。

随着人才主客体环境变化，其实践活动也随之发生变化，随着人力资本及社会资本的积累，心理进阶因素推动女性领导者职业成长。本书研究的13位成功的企业女性领导者，无论是超越型职业成长、关系型职业成长、竞争型职业成长还是精英型职业成长，其职业成长路径的主流模式仍遵循储备人才→潜力人才→显性人才→领导人才的路径，职位晋升呈现基层到中层领导者、中层到高层领导者的过程。当转换职业时，其才能的发展方向也随之改变，即由某一种类型向另一种类型转换；当提升实践的层次，其才能水准也随之提高，人才由下一层次向上一层次递进。因此，在培养女性领导者的同时，一方面要注重结合女性人才的优势特质，在以类型为基础上，注重培养其知识、经验、技能的累积；另一方面推进女性领导者的职位晋升，以鼓励更好地成长。

本书主要是基于动态发展的视角，从个体层面，对女性领导者的职业成长所呈现的进阶规律进行概括，女性领导者职业成长离不开组织及社会的关系，必然存在一些有待于识别的隐性规律。目前，由于时间以及资源的限制，可能对规律的总结不够全面，未来仍将继续深入对女性领导者职业成长进阶规律的研究。

第二节 本书的理论进展

一 理论贡献

本书从个体层面出发，采用质性研究与实证研究两种方法的结合，探究女性领导者职业成长的驱动要素和动态演化关系，一定程度上对以往研究进行了补充和拓展，其理论贡献主要体现在以下几方面：

1. 从个体层面视角出发，拓展并丰富了驱动女性领导者职业成长的构成要素及理论体系，提出了心理进阶与职业成长相关性的研究新发现，为后续形成心理进阶新的理论研究进展，提供探索性的案例及部分实证支持。

通过案例访谈发现，驱动女性领导者职业成长的因素可区分为内在脉络与外在脉络，不同因素对女性领导者职业成长产生的影响大小不同。角色认同是影响女性领导者职业成长的核心要素。女性领导者对角色认同的差异，会进一步影响到内在脉络与外在脉络诠释内容的不同。女性领导者的承诺性诠释结果归纳为主观方面和客观方面，其行为体现在学习、沟通、反思与平衡。女性领导者的承诺性诠释与其角色认同、对内在和外在脉络的诠释、行为表现以及诠释的推移在逻辑上具有连贯性，职业角色认同强调工作业绩、能力提升、物质回报、职业满意等职业价值取向，多重角色认同强调工作意义、员工成长等自我价值和社会价值的实现。女性领导者的角色认同越接近职业角色认同，驱动其职业成长动力越大。在以往对女性领导者职业成长的构成要素或影响机制的研究中，自我效能感主要作为调节变量进行实证研究和作为影响因素进行探索性研究。双重角色的冲突是作为工作与家庭增益或冲突研究的影响要素。本书拓展并丰富了以往研究的内容，从个体层面出发，将自我效能感作为主要的驱动因素进行探索性的质性研究和实证检验。与此同时，通过实证检验，也证实了职业角色认同对女性领导者职业成长的驱动作用较大。自我效能感和职业角色认同对培养女性成为优秀的领导意义重大，理论上有效地将角色认同和心理资本理论结合共同释意女性领导者职业成长。就工作价值取向（谋生取向、职业取向及呼唤取向）而言，是多维度的构念，不存在取向之间的增长或减弱，通常表现在取向之间转变，并在短期内较为稳定，转变的间隔时间相对较长，但是存在变化或转型，实证部分还未进行检验。

women性领导者的职业成长是一个动态的发展过程，其心理发展具有进阶性。通过案例深入访谈，研究发现，她们的内心世界也是存在由"小我"向"大我"转变，丰富及壮大内心，均呈现心理进阶与其职业成长有着紧密的内在联系。心理进阶，既反映于诸如自我效能感和职业角色认同的"纵向"或"垂直"维度的递增，又存在于工作价值取向等"横向"的升华或转型。

2. 丰富了女性职业生涯发展阶段理论的研究内容，将嵌入于其职业生涯发展的情境性条件——不同职位层级的关键事件作为切入视角作为女性领导者职业成长路径分析的依据，打破了以往以职业生命周期作为职业成长的阶段划分。

以往对女性领导者职业成长的研究主要是通过质性化的研究方法，以女性职业生涯发展阶段理论，探讨成长历程不同阶段的特性。随着研究的不断深入，目前以时间阶段的划分展开研究略显滞后。本书以职业成长的关键事件为话题，将被访谈的关键事件，来区分女性领导者职业成长的不同阶段，包括基层领导、中层领导以及高层领导等不同职位层级与关键事件的结合。一方面，使访谈的双方都能明确职业成长的研究议题和关注事件，保证访谈内容的信效度。另一方面，有利于研究的深入与归纳，指导女性领导者的职业成长。因此，基于关键事件法，对女性领导者的研究丰富了女性职业生涯发展阶段理论。关键事件是在成长过程中最重要的经历——不仅包括成功的经历也包括失败的经历，尤其是失败经历的影响更为深远。针对女性领导者职业成长关键事件的研究，是首次尝试。当面临某些意外情况时，既有的知识储备、行为惯例等不再有效，意外事件迫使其必须重新评估当前的形势，重新思考那些早就习以为常的信念与假设。这些经历也能够彻底地改变女性领导者对管理以及自我能力的认识。通过关键事件的启发能够帮助企业领导者建立起自我认同感，正是这种源自内心的感受，成为激发个体自我奋斗的重要力量。有些关键事件可以被看作是一个"质变"的过程，或引发价值取向的转变等。

3. 深化了女性领导学的研究内容，突破了以往的横截面数据中静态研究，以动态发展观，论证女性领导者职业成长的动态演化模型，将自我效能感与角色认同作为领导者职业成长的预测因素，而非将领导风格或特质理论作为研究的主要内容。

以往对于女性领导者的研究主要关注领导风格或特质的理论研究，在研究的过程中，尝试对比性别、性别特征和领导风格之间的关系。然而，研究成果之间存在不一致之处，一定程度上影响到女性领导者职业成长的认知与行为过程，究竟采取何种领导特质或风格能够成就其职业成长，在本书中，以动态发展观去研究女性领导者的职业成长路径及其规律性的内容，通过对13位女性领导者的深度访谈，发现每位领导者由于岗位、企业性质、工作性质等的不同，其领导风格存在差异，而其心理特征上，呈现出稳定和进阶的特征。因此，以个体心理层面作为研究视角，探寻了女性领导者职业成长的释意要素以及动态演变性。将自我效能感、角色认同以及工作价值取向作为心理进阶的主要影响因素，与其职业成长存在相互依存的关系。

4. 将ASD理论模型与女性领导者职业成长相契合，丰富并拓展了ASD理论模型，强调了闭合互动的演化规律，并采取纵向追踪研究模式。

女性领导者在职业成长中，通过学习、反思、沟通和平衡行为方式实现对自我认知和心理障碍的克服——心理进阶，突出表现在自我效能感和角色认同增强或减弱，以及工作价值取向的转型（工作价值取向是多维度的，并存在转型），并伴随着个体与情境（关键事件）交互进行。

以往对于自我效能感与职业成功（主观的职业满意度）之间关系的研究多数采用单路径模式，而对于相互之间关系的描述，也只是描述性的概述。本书在分析两者关系时，明确指出两者之间的逻辑关系，存在着动态的演化规律（多阶段互为因果关系），采用多层分析方法的追踪研究进行验证，突破了以往的横截面数据中静态研究。并将角色认同作为预测变量，引入自我效能感与职业成功（主观的职业满意度）关系的分析过程，不同年龄、职位层级、岗位类别、企业性质的领导者在对角色认同上存在差异性，因此会对其职业成长产生影响。在自我效能感与职业成长的动态演化研究中，自我效能感与职业角色认同对职业成长的驱动作用最大，并且年龄和职位层级的潜在效应最大。职业满意度（主观的职业成功）影响下一阶段的自我效能感，突出表现在职位层级的潜在效应最大。

该结论不仅有助于深入了解职业发展中自我效能感与职业成功的动态变化规律，而且能够在不同时期调整轨迹，为人才的科学化、系统化的培养提供了方向。

二 本书的意义

通过以上分析，本书存在理论上的贡献，任何理论的贡献也最终要用于指导实践与丰富或拓展已有的理论，具体而言，分为对理论的指导意义和实践的指导意义。

（一）对理论的指导意义

本书对于相关理论的指导意义主要体现在以下几个方面：

1. 对女性人才职业生涯发展理论的指导意义。通过对成功的企业女性领导者的深度访谈，以其职业成长中的关键事件为故事线，探寻职业成长的路径及其动态演变规律。研究发现，通过对关键事件类型的划分和 ASD 成长模型的分析，能更好地对不同阶段的女性领导者的职业成长路径进行系统性的分析，在分析驱动个体职业成长关键因素的同时，又详细描述了外在的情境因素，对女性人才在职业成长的不同阶段需要注重的关键性因素及其行为策略提供了更加切实的指导作用，丰富了女性人才职业生涯发展理论的研究内容，并为继续深入研究女性人才职业生涯发展相关的内容提供了理论模型。

2. 对女性领导学理论的指导意义。以往学术界对女性领导人才的关注主要是对领导风格理论与行为的研究，并在此过程中对比两性领导风格的差异，以此突出女性领导者的风格与优势所在。而本书摒弃以往的研究内容，研究对象是企业女性领导者，以探寻驱动职业成长的内在归因及其行为，以心理资本理论和角色认同理论为依据，将心理学、社会学与管理学多学科结合，共同探寻女性领导者的认知与行为的关系，丰富了女性领导学的研究内容，最终用于指导实践。

3. 对多阶段选拔的（Multi-stages Election）ASD 理论模型的指导意义。本书将女性领导者职业历程中的两大类型的关键事件，作为成长的阶段划分，简化了人才成长过程中阶段的划分，使得阶段的区分度较为清晰且易于理解。同时将 ASD 模型与个体的职业行为相结合，使得个体顺利实现职业成长，对多阶段的 ASD 理论模型更能有效地指导实践，培养更多的领导人才。

4. 对心理资本理论和角色认同理论的指导意义。本书以心理资本和角色认同为理论基础，对女性领导者职业成长的驱动因素和动态演化性进行诠释，有效地将心理学、社会学和管理学的研究内容进行结合，研究过程中，出现了许多新发现，心理进阶、角色认同的演变性与职业成长的相关性研究等，极大地丰富了未来研究的内容，一方面，可以继续对企业女性领导者的心理进阶进行深入研究，通过扎根的研究方法，推进心理进阶的内容结构及其作用机制的研究，以此丰富心理资本的研究内容。另一方面，剖析角色认同对女性领导者职业成长的影响程度，减少角色冲突的制约因素，以推进女性领导者的职业成长。

（二）对实践的指导意义

本书对于实践的指导意义主要体现在以下几个方面：

1. 对女性人才而言，要摒弃以往传统观念的束缚，从女性内心要解除歧视、偏见、害怕和胆怯的障碍，随着越来越多的女性人才进入职场中，在充当传统角色的同时，其职业角色身份也在不断地强化，由此引发的角色冲突不可避免，女性自身要学会积极地调适，以积极的心理状态，通过学习、沟通、反思和平衡的职业行为，实现心理进阶，提高自我效能感和增强有利于职业成长的角色认同，从而形成良性循环，推动职位进阶。

2. 对企业或组织而言，通过本书的结论，企业或组织应当给予女性人才更多的成长机会，从机会中不断地促使其学习，丰富职场经验、知识与技能，领导成员之间形成良性互动，以此鼓励女性人才，增强其自信心。

3. 对社会而言，进行有效的引导与鼓励更多优秀的女性领导者参与社会的贡献，女性领导者的数量较以前大量增长，但女性人才结构性的失衡仍未能满足于时代发展的需要，因此，仍需积极引导更多的女性人才，实现人才的合理利用。

第三节 本书的现实启示

本书主要从个体层面考虑，深度访谈现实生活中的一些成功女性，并了解其成长轨迹，有助于更加客观和真实地看待或应对职场障碍与困境。同时，针对不同职业发展阶段，识别并挖掘性别和领导层级差异的不同特征，使得研究对象得以普及，让此次的研究结论不仅满足于个体层面的实践需求，即对女性自身而言，重塑女性的自信心和职业能力，实现自身的发展；而且对组织和社会而言，为女性人才的开发和培养更有针对性和实用性，研究成果具有以下几方面的现实启示：

一　女性领导者职业成长自身觉醒的启示

1. 女性领导者要不断培养自信心理，发现工作意义，实现价值观匹配。

现代社会领导者的心理素质是其有效发挥的重要保障，提升领导者效率的前提是将领导者的自危心理转化为自信心理。中国女性长期受贬抑与歧视，存在自卑、软弱、狭隘、依赖和从众等心理障碍，这些障碍束缚和压抑了她们的领导能力。本书结果也显示了，两性在自我效能感上存在显著差异。女性领导者在认知方面的灵敏，思维方面的缜密、直觉，感情方面的温婉、慈爱，意志方面的坚忍，举止上的谦和、优雅等性别特质都优于男性。女性领导者要将这些性别优势转化为领导优势，赢得被领导者的认可与尊重，并在实际工作中，注重建立积极的心理状态，特别需要不断强化自我效能感，真正地了解自我，进而发现工作或职业的意义，树立正确的职业价值观与切实的职业目标。积极的心理状态以及各因素之间的相互作用会产生很多积极的结果，本书虽然是以职业满意度来展示，但还包括其他方面，诸如幸福感、身体健康状况等。具备积极心理状态的人，可以通过把对世界的认知理解成为是自己可控的和可认清的，进而有助于完成工作任务，享受在此过程中的成就感与满足感，发现工作的意义，从而形成良性循环。

2. 通过不断的学习、沟通、反思以及平衡的职业行为，实现自我效能感强化、知识经验的积累、工作价值取向的升级。

在当今社会，任何人要想寻求进步与发展，就需要不断地学习，女性领导者能力的提升或发展不仅需要自身的不断努力学习，也需要借鉴他人经验，相互之间寻求交流。组织提供培训或学习的机会，就是为了更好地提升员工的能力，帮助员工解决在成长中出现的困境，以此为组织未来的发展积蓄力量。因此，企业中的每一位员工都应当积极主动地参与，注重自身各方面素质的提升，通过对成功的企业女性领导的职业历程关键事件的分析，她们的成长经历中，学习对于其成长的重要性是不言而喻的。

3. 女性领导者要平衡好工作—家庭—社会的角色关系。

所谓的平衡不是简单平均分配，而是让自己有限的时间、精力等资源分配在工作和生活之中，使资源效应最大化。这首先就需要明确工作和生活对自我的要求，工作的意义是什么，生活的目的是什么。尽管现实生活中，并不能将两者"边界化"，因此就需要以正确的处理方式平衡两者之间的关系，是将工作作为生活的"调节剂"，还是将生活作为工作的"调节剂"，取决于自身的价值取向。许多被访的女性领导者除了在所在企业任职高管外，还拥有多种社会角色并获得社会授予的荣誉。由于身份的特殊性以及受时代特征影响，她们需要更多地融入到社会中，寻求个人与企业的可持续发展。她们在家庭角色与工作角色之外，还需扮演社会角色，积极地参加社会活动和社会竞争，进而得到社会的关注和认可。她们正在实现从工作—家庭角色向工作—家庭—社会三重角色的转换。工作—家庭平衡是所有职场女性的追求，女性领导者在职业发展的后期更加注重自己的社会角色，工作—家庭—社会平衡已成为她们新的追求和职业生涯成功的重要评价标准。

二 企业为女性领导者的职业成长给予支持的启示

1. 企业为女性领导者的职业成长给予培养与晋升空间。

企业或组织内部要极力摒弃传统的社会角色的刻板印象，努力营造良好的组织氛围。通过培训、轮岗、下基层锻炼等方式，让女性管理者有更多接触实际工作的机会，锻炼处理复杂问题和突发事件的能力，建立科学合理的领导力衡量标准和薪酬机制。应对女性领导者和男性领导者一视同仁，给予均等机会是对女性领导者的激励。

通过麦肯锡公司的实际调查，发现尽管高级领导者承诺实现性别多元化，但在进入实质阶段时，根深蒂固的观念还是使得原有的行为方式浮出水面。Pitney Bowes 副总裁中有 38% 为女性；壳牌全球所有主管和专业人员中 1/4 以上为女性；以及时代华纳的运营部门中 40% 以上的高管为女性，担任高级职位的女性在过去的六年中跃升了 30%。她们共同的经验表明，真正的进步需要强硬方法推动下的系统范围的变革，包括确保在升迁时，至少要考虑女性的目标，在绩效对话中，严格运用数据挑战有问题的思维定式，以及真正的扶助。小型组织的高管自称她们所掌握的重心平衡式领导力要素更多，她们对自己的工作业绩和总体满意度也有着更高的评价。这些结果表明，在如何吸引、激励和鼓舞员工方面，大型组织有很多东西要向小型组织学习。

2. 企业文化与组织制度设计更加柔性化。

由于许多高层管理者是男性，管理文化倾向于被男性价值观和标准所统治,更促进了"玻璃天花板"的存在,女性面临包含模式化和偏见的排除机制(Van & Fischer,2002)。结合时代背景,通过借鉴麦肯锡提出的富有特色的培训——重心平衡式领导力,对女性领导者有针对性地进行培训干预,是能起到良好的作用,帮助女性领导者发现工作的意义,寻找自信和动力,同时,体现了企业力图推动女性职业发展的步伐,消除女性职业发展中的体制化的障碍。致力于寻求工作和生活平衡的组织,更易于吸引当前"80后"、"90后"的员工,他们更加追求个人和企业价值观之间的和谐。总之,培训宗旨应体现人性化和时代化的特性,符合企业和女性人才的实际需要,以特色的培训内容为企业吸引人才,为企业成长发展积蓄力量。

三 社会为女性领导者的职业成长有效引导的启示

利用积极的媒体报道,扩展女性领导力的舆论空间。一方面可以淡化社会上对女性的刻板印象,另一方面可以给女性人才的培养创造有利的社会环境。加强对媒体的引导和监管,建立传媒性别歧视的审查制度,将性别意识纳入传媒管理的政策领域。通过倡导社会性别公正意识,来营造尊重女性、男女平等的舆论氛围。中国主流媒介也应提高社会性别平等意识的认知程度,改造传统两性角色分工的刻板定型,颠覆传统对女性的评判定位,大力提倡两性角色和形象向多元化发展,为女性领导的发展创造良好的舆论空间。

人类学家费希尔认为,全球化和多元文化下的21世纪,女性的"网状思维"比男性的"阶梯思维"方式更适应社会需求,女性的诸多独特优势将使其社会影响力越来越大。管理学大师杜拉克预言:社会的发展以及组织的变革,引发管理思想、领导特质及管理风格发生了变化。时代的转变正好符合女性的特质,对人的关注和关爱将越来越被重视,而这正是女性的天性。奈斯比特认为,女性领导者是未来组织发展最需要的力量。21世纪以"人性化"为标志,强调跳跃和变化、灵敏和弹性,注重平等和尊重、创造和直觉、主动和企业精神,依据信息共享、虚拟整合、竞争性合作、差异性互补等,实现知识由隐到显的转化。女性领导的兴起是因为女性领导所代表的领导风格和方法更能适应知识经济时代下组织领导发展的需要。

参考文献

北京党政女性领导人才成长规律课题组：《北京女性领导人才成长规律透视》，《新视野》2009年第3期。

彼得·诺思豪斯：《领导学：理论与实践》（第二版），吴荣先等译，江苏教育出版社2002年版。

蔡禾等：《社会变迁与职业的性别不平等》，《管理世界》2002年第9期。

陈至立：《为女性高层次人才成长创造更好的环境》，《人民日报》2009年11月26日第4版。

陈向军等：《基于三维资本结构的人才成长评价模型》，《工业工程与管理》2008年第6期。

陈向明：《质的研究方法与社会科学研究》，教育科学出版社2000年版。

陈晓萍等：《组织与管理研究的实证方法》，北京大学出版社2008年版。

陈晓萍等：《组织与管理研究的实证方法》（第二版），北京大学出版社2012年版。

董奇：《心理与教育研究方法》，广东教育出版社1992年版。

科特等：《玻璃天花板的影响》，《国外社会科学》2002年第4期。

胡荣：《社会经济地位与网络资源》，《社会学研究》2003年第5期。

金观涛：《我的哲学探索》，上海人民出版社1988年版。

关培兰等：《女企业家人力资源开发障碍分析》，《中国人力资源开发》2003年第5期。

康宛竹：《中国上市公司女性高层任职状况调查研究》，《妇女研究论丛》2007年第7期。

李超平：《心理资本：打造人的竞争优势》，中国轻工业出版社2008年版。

李秀娟：《灰姑娘如何成为ShEO？》，《商学院》2011年第3期。

李珊：《女性领导如何突破心理"天花板"》，《领导科学》2010年第

3期。

李晓园：《人力资本和社会资本视野中的女性职业问题》，《上海经济研究》2005年第9期。

李鲜苗等：《基于Cross-Temporal Meta-Analysis方法的性别特征与领导风格及跨文化比较研究》，《科学学与科学技术管理》2012年第5期。

刘红云等：《纵向数据分析方法》，《心理科学进展》2003年第11期。

刘军：《管理研究方法：原理与应用》，中国人民大学出版社2008年版。

陆昌勤等：《组织行为学中自我效能感研究的历史、现状与思考》，《心理科学》2002年第3期。

廖泉文：《人力资源管理》，高等教育出版社2003年版。

梁巧转等：《社会性别特征与领导风格性别差异实证研究》，《妇女研究论丛》2006年第3期。

任露泉等：《生物耦合功能特性及其实现形式》，《中国科学》2010年第3期。

田喜洲等：《倾听内心的声音：职业生涯中的呼唤研究进展探析》，《外国经济与管理》2012年第1期。

屠立霞：《女干部行政领导能力及影响因素的结构分析》，硕士学位论文，浙江大学，2004年。

王济川等：《多层统计分析模型：方法与应用》，高等教育出版社2008年版。

王成城等：《同一性理论视角下的组织有效性研究综述》，《外国经济与管理》2009年第2期。

翁清雄等：《员工职业成长的结构及其对离职倾向的影响》，《工业工程与管理》2009年第1期。

翁清雄：《职业成长对员工承诺与离职的作用机理研究》，博士学位论文，华中科技大学，2009年。

吴道友：《组织变革多阶段协同行为策略及其影响机制研究：国际创业的视角》，博士学位论文，浙江大学，2009年。

吴贵明：《中国女性职业生涯发展研究》，中国社会科学出版社2004年版。

吴增强：《一种积极的自我效能》，《心理科学》2001年第4期。

熊瑞梅：《性别、个人网络与社会资本》，载边燕杰等《华人社会的调查研究》，牛津大学出版社 2001 年版。

颜士梅：《企业人力资源开发中性别歧视的表现形式》，《管理世界》2008 年第 11 期。

杨锐：《本土心理资本对职业生涯发展的实证研究》，《商场现代化》2009 年第 21 期。

宇长春：《中国女性职业发展问题研究》，硕士学位论文，首都经济贸易大学，2006 年。

约翰·奈斯比特等：《女性大趋势》，新华出版社 1993 年版。

叶忠海等：《中国女领导人才成长和开发研究》，上海科学技术文献出版社 2000 年版。

张文宏等：《城市职业女性的社会网络》，《江苏行政学院学报》2009 年第 3 期。

张鼎昆：《保险推销员自我效能感及其工作激励模型》，博士学位论文，中国科学院心理所，1999 年。

郑敏芝：《女性高层次人才发展探析》，《兰州学刊》2008 年第 11 期。

朱苏丽：《基于无界职业生涯的人才成长与人才流动》，《武汉理工大学学报》2006 年第 9 期。

周文霞等：《中国情境下职业成功观的内容与结构》，《中国人民大学学报》2010 年第 3 期。

周长城：《经济社会学》，中国人民大学出版社 2003 年版。

周浩等：《共同方法偏差的统计检验与控制方法》，《心理科学进展》2004 年第 12 期。

Afuah A. and Tucci C., *Internet Business Models and Strategies: Tent and cases*, New York: McGraw-Hill Higher Education, 2000, pp. 6 – 7.

Albert S. et al., "Organizational Identity and Identification: Charting New Waters and Building New Bridges", *Academy of Management Review*, Vol. 25, No. 1, 2000, pp. 13 – 17.

Alexandra K. et al., "Best Practices or Best Guesses? Assessing the Efficacy of Corporate Affirmative Action and Diversity Policies", *American Sociological Review*, No. 71, 2006, pp. 589 – 617.

Allen T. D. et al., "Career Benefits Associated with Mentoring for Protégés: A Meta-analysis", *Journal of Applied Psychology*, Vol. 89, No. 1, 2004, pp. 127 – 136.

Alvesson M. and Due B. Y., *Understanding Gender and Organizations*, London: Sage, 1997.

Arthur M. B. and Rousseau D. M., *The Boundaryless Career: a New Employment Principle for a New Organizational Era*, New York: Oxford University Press, 1996, pp. 237 – 255.

Arthur M. B. et al., "Career Success in a Boundaryless Career World", *Journal of Organizational Behavior*, Vol. 26, No. 2, 2005, pp. 177 – 202.

Ashmore R. D. ed., *Social Identity, Intergroup Conflict, and Conflict Reduction*, New York: Oxford. University Press, 2001, pp. 213 – 249.

Astin H. S., "The Meaning of Work in Women's Life: A Socio Psychological Model of Career Choice and Work Behavior", *The Counseling psychologist*, No. 12, 1984, pp. 117 – 126.

Avolio B. and Luthans F., *The High Impact Leader: Moments Matter in Accelerating Authentic Leadership Development*, New York: McGraw Hill, 2006.

Bandura A., "Human Agency in Social Cognitive Theory", *American Psychologist*, No. 44, 1989, pp. 1175 – 1184.

Bandura W. eds., *A Self-efficacy Mechanism in Psychobiologic Function*, Washington, DC: Hemisphere, 1992.

Barbara W., "The Career Development of Successful Women", *Women in Management Review*, Vol. 10, No. 3, 1995, pp. 4 – 15.

Barbara S., "How do Women Scientists Perceive Their Own Career Development?", *The International of Career Management*, Vol. 4, No. 1, 1996, pp. 112 – 128.

Baron R. ed., *Emotional and social Intelligence: Insights from the Emotional Quotient Inventory*, San Francisco: Jossey-Bass, 2000, pp. 363 – 388.

Barnett R. C. and Hyde J. S., "Women, Men, Work, and Family: An Expansionist Theory", *American Psychologist*, Vol. 56, No. 10, 2001, pp. 781 – 796.

Barry W. ed., *Domestic Work, Paid Work and Net Work in Understanding Per-*

sonal Relationships, London: Sage, 1985.

Bellah R. N. eds., *Habits of the Heart: Individualism and Commitment in American life*, Berkeley: University of California Press, 1986.

Bellizzi A. J. and Hasty R. W., "Does Successful Work Experience Mitigate Weight and Gender-based Employment Discrimination in Face to Face Industrial Selling?", *Journal of Business & Industrial Marketing*, Vol. 15, No. 6, 2000, pp. 384 – 398.

Berg J. M. et al., "When Callings Are Calling: Crafting Work and Leisure in Pursuit of Unanswered Occupational Callings", *Organization Science*, Vol. 13, No. 2, 2010, pp. 13 – 28.

Betz D. C. and Hackett G., "The relationship of Career-related Self-efficacy Expectations to Perceived Career Options in College Men and Women", *Journal of Counseling Psychology*, No. 28, 1981, pp. 399 – 410.

Betz N. E., "Self-concept Theory in Career Development and Counseling", *Career Development Quarterly*, Vol. 43, No. 1, 1994, pp. 32 – 42.

Bickel R., *Multilevel Analysis for Applied Research: It's just Regression*, New York: The Guilford Press, 2007, pp. 285 – 329.

Blau F. D. and Devaro J., "New Evidence on Gender Difference in Promotion Rates: An Empirical Analysis of a Sample of New Hires", *Lndustrial Relation*, No. 46, 2007, pp. 511 – 550.

Blimine C. A., "The Effect of a Vocational Unit on the Exploration of Nontraditional Career Options", *Journal of Vocational Behavior*, No. 9, 1976, pp. 115 – 135.

Bodner T., "Missing Data and Small-area Estimation: Modern Analytical Equipment for the Survey Statistician", *Psychometrika*, Vol. 72, No. 1, 2007, pp. 115 – 116.

Boud D. eds., *Reflection: Turning Experience into Learning*, London: Kogan Page, 1985, pp. 7 – 17.

Boudreau J. W. et al., "Effects of Personality on Executive Career Success in the United States and Europe", *Journal of Vocational Behavior*, No. 58, 2001, pp. 53 – 81.

Bowen J. K. et al., "Evaluating Gender Biases on Actual Job Performance of

Real People: A. Meta-analysis", *Journal of Applied Social Psychology*, Vol. 10, No. 30, 2000, pp. 2194 – 2251.

Boyatzis R. E., "Competencies as a Behavioral Approach to Emotional Intelligence", *Journal of Management Development*, Vol. 28, No. 9, 2009, pp. 749 – 770.

Burke P. J., "An Identity Approach to Commitment", *Social Psychology Quarterly*, No. 54, 1991, pp. 280 – 286.

Burke R. J., "Are Families a Career Liability?", *Women in Management Review*, Vol. 14, No. 5, 1999, pp. 159 – 163.

Burke P. J., "Identities and Social Structure: The 2003 Cooley-Mead Award Address", *Social Psychology Quarterly*, Vol. 11, No. 67, 2004, pp. 5 – 15.

Callanan G. A., "What Price Career Success?", *Career Development International*, No. 3, 2003, pp. 121 – 136.

Chesler P., *Woman's Inhumanity to Woman*, NY: Nation Books, 2001.

Chell E and Pittaway L., "A Study of Entrepreneurship in the Restaurant and Cafe Industry: Exploratory Work Using the Critical Incident Technique as a Methodology", *International Journal of Hospitality Management*, Vol. 17, No. 1, 1998, pp. 23 – 32.

Chen Z. X. and Aryee S., "Delegation and Employee Work Outcomes: An Examination of the Cultural Context of Mediating Processes in China", *Academy of Management Journal*, No. 50, 2007, pp. 226 – 238.

Church A. T and Burke P. J., "Exploratory and Confirmatory Test of the Big-five and Tellengen's Three-and Four-dimensional Models", *Journal of Personality and Social Psychology*, Vol. 66, No. 1, 1994, pp. 93 – 114.

Cianni M., "Self-efficacy, Race, and Gender", *Applied Human Resource Management Research*, Vol. 5, No. 1, 1994, pp. 44 – 63.

Cinamon R. G., "Anticipated Work-family Conflict: Effects of Gender, Self-efficacy, and Family Background", *The Career Development Quarterly*, Vol. 54, No. 3, 2006, pp. 202 – 215.

Claude F., *To Dwell among Friends*, Chicago: University of Chicago, 1982.

Cope J., "Entrepreneurial Learning from Failure: An Interpretive Phenomenological Analysis", *Journal of Business Venturing*, Vol. 26, No. 6, 2010, pp. 601 – 623.

Crowell L. F. , "Weak Ties: A Mechanism for Helping Women Expand Their Social Networks and Increase Their Capital", *The Social Science Journal*, No. 41, 2004, pp. 15 – 28.

Daft R. L. and Weick K. E. , "Toward a Model of Organization as Interpretation System", *Academy of Management Review*, Vol. 9, No. 2, 1984, pp. 284 – 295.

Dana L. T. , Work-family Conflict and Life Satisfaction in Female Graduate Students: Testing Mediating and Moderating Hypotheses, Ph. D. dissertation, The University of Maryland, 2004.

Dobrow S. , "Following Their Hearts? Subjective Career Orientations and Career-related Outcomes in Young Classical Musicians", Paper delivered to Symposium Academy of conducted at the annual meeting of the Management, Seattle, WA, August, 2003.

Drucker P. F. , *The Effective Executive*, Harper Collins Publishers, Inc. , 2002, pp. 23 – 24.

Drucker P. F. "What Makes an Effective Executive", *Harvard Business Review*, No. 82, 2004, pp. 58 – 62.

Donna E. , "Current Status and Future Agenda for the Theory, Research, and Practice of Childhood Career Deveiopment", *The Career Development Quarterly*, Vol. 11, No. 57, 2008, pp. 7 – 24.

Duncan T. E. eds, *An Introduction to Latent Variable Growth Curve Modeling: Concepts, Issues, and Applications*, New Jersey : Lawrence Erlbaum Associates , 2006.

Eagly A. H. and Johnson B. T. , "Gender and Leadership Style: A Meta-analysis", *Psychological Bulletin*, No. 108, 1990, pp. 233 – 256.

Eagly A. H. et al. , "Gender and the Evaluation of Leaders: A Meta-analysis", *Psychological Bulletin*, No. 1, 1992, pp. 15 – 27.

Eagly A. H. et al. , "The Leadership Style of Women and Men", *Journal of Social Issue*, Vol. 57, No. 4, 2001, pp. 781 – 797.

Eagly A. H. and Wood W. , "Feminism and the Evolution of Sex Differences and Similarities", *Sex Roles*, No. 64, 2011, pp. 758 – 767.

Eby L. T. et al. , "Predictors of Success in the era of Boundaryless Careers", *Journal of Organizational Behavior*, No. 24, 2003, pp. 689 – 708.

Elizabeth G. , "Gender Stereotypes, Same-gender Preferences, and Organizational Variation in the Hiring of Women: Evidence from Law Firms", *American Sociological Review*, No. 70, 2005, pp. 702 – 28.

Epstein C. F. , "The Women's Movement inside and outside the State", *Contemporary Sociology-A Journal of Reviews*, Vol. 40, No. 6, 2011, pp. 682 – 684.

Erdwins C. J. et al. , "The Relationship of Women's Role Strain to Social Support, Role Satisfaction, and Self-efficacy", *Family Relations*, Vol. 50, No. 3, 2001, pp. 230 – 239.

Eter L. C. , "Role Identity Salience", *Social Psychology Quarterly*, Vol. 48, No. 3, 1985, pp. 203 – 215.

Farmer H. S. , "Model of Career and Achievement Motivation for Women and Men", *Journal of Counseling Psychology*, No. 3, 1985, pp. 363 – 390.

Feldman D. C. and Weitz B. A. , "Career Plateaus Reconsidered", *Journal of Management*, Vol. 14, No. 1, 1988, p. 69.

Finegold D. and Mohrman S. A. , "What Do Employees Really Want? The Perception VS the Reality", Paper presented at the annual meeting of the World Economic Forum, Davos, Switzerland, 2001.

Firkola P. , "Career Development Practices in a Japanese Steel Company", paper presented at the association of Japanese business studies, Washington D. C. , 1997.

Fisher C. and Stacey O, "A Research Note on Friendship, Gender, and the Life Cycle", *Social Forces*, No. 62, 1983, pp. 124 – 132.

Fitzgerald B. , *The Career Psychology of Women*, NY: New York Academic Press, 1987.

Forrett M. L. and Dougherty T. W. , "Correlates of Networking Behavior for Managerial and Professional Employees", *Group & Organization Management*, No. 26, 2007, pp. 283 – 311.

Friedman D. S. , "Be a Better Leader, Have a Richer Life", *Harvard Business Review*, 2008, p. 4.

Friedman S. D and Greenhaus J. H., *Allies or Enemies? How Choices about Work and Family Affect the Quality of Men's and Women's Llives*, New York: Oxford University Press, 2000.

Fu P. P. and Tsui A. S., "Utilizing Printed Media to Understand Desired Leadership Attributes in the People's Republic of China", *Asia Pacific Journal of Management*, Vol. 20, No. 4, 2003, pp. 423 – 446.

Gerard A. C., "What Price Career Success?", *Career Development International*, No. 3, 2003, pp. 105 – 116.

Gersick C. and Kram K. E., "High-achieving Women at Mid-Life: An Exploratory Study", *Journal of Management Inquiry*, No. 3, 2002, pp. 124 – 135.

Gioia D. A. and Thomas J. B., "Identity, Image, and Issue Interpretation: Sensemaking During Strategic Change in Academia", *Administrative Science Quarterly*, Vol. 41, No. 5, 1996, pp. 370 – 403.

Glaser B. R. and Strauss A. L., *The Discovery of Grounded Theory*, Chicago: Aldine, 1967.

Gremler D. D., "The Critical Incident Technique in Service Research", *Journal of Service Research*, Vol. 7, No. 1, 2004, pp. 65 – 89.

Goldberg C. B., "Job and Industry Fit: The Effects of Age and Gender Matches on Career Progress Outcomes", *Journal of Organizational Behavior*, No. 25, 2004, pp. 807 – 829.

Goldsmith A. H. and Darity W., "The Impact of Psychological and Human Capital on Wages", *Economic Inquiry*, No. 35, 1997, pp. 815 – 829.

Goodman J. S. et al., "Cracks in the Glass Ceiling: In What Kinds of Organizations Do Women Make It to the Top?", *Group and Organization Management*, No. 28, 2003, pp. 475 – 501.

Gorsuch R. L., *Factor Analysis*, Hillsdale, N. J.: Lawrence Erlbaum, 1983.

Graen G. B. et al., "Predicting Speed of Managerial Advancement over 23 Years Using a Parametric Duration Analysis: A Test of Early Leader-member Exchange, Early Job Performance, Early Career Success, and University Prestige", best papers proceedings: Making Global Partnerships Work Association of Japanese Business Studies, Washington D. C, 1997.

Greenhaus J. H. et al., "Effects of Race on Organizational Experiences, Job

Performance Evaluations, and Career Outcomes", *Academy of Management Journal*, No. 33, 1990, pp. 64 - 86.

Greenhaus J. H. eds., *Career Management*, Mason, OH: Thomson South Western, 2000.

Hall D. T., *Careers in and out of Organization*, California: Sage Publications, 2002.

Hall D. T. and Chandler D. E., "Psychological Success: When the Career Is a Calling", *Journal of Organizational Behavior*, No. 26, 2005, pp. 155 - 176.

Hansen N. D., "Reflections on Feminist Identity Development: Implications for Theory, Measurement, and Research", *The Counseling Psychologist*, Vol. 30, No. 1, 2002, pp. 87 - 95.

Harris Z. S., *Discourse Analysis Reprint*, The Hague: Mouton, 1963.

Helgesen S., *The Female Advantage: Women's Way of Leadership*, New York: Doubleday, 1990.

Heslin P. A., "Conceptualizing and Evaluating Career Success", *Journal of Organizational Behavior*, No. 26, 2005, pp. 5433 - 440.

Hesth H. and Cowley S., "Developing a Grounded Theory Approach: A Comparison of Glaser and Strauss", *International Journal of Nursing Studies*, Vol. 41, No. 2, 2004, pp. 141 - 150.

Henry Mintzberg, "Ten Meditation on the Management", Paper presented at the Davos World Economic Forum, Switzerland, 1995.

Hollenbeck G. P. and Mccall M., "Not in My Wildest Imagination: The Global Effect", Paper delivered to the annual meeting of the Society for Industrial/Organizational Psychology, Orlando, FL, 2003.

Hopkins M. M. and Bilimoria D., "Social and Emotional Competencies Predicting Success for Male and Female Executives", *Journal of Management Development*, Vol. 27, No. 1, 2008, pp. 13 - 30.

Hoyt C. L. and Blascovich J., "Leadership Efficacy and Women Leaders' Responses to Stereotype Activation", *Group Processes Intergroup Relations*, No. 10, 2007, p. 595.

Huang Q. and Sverke M, "Women's Occupational Career Patterns over 27 Years: Relations to Family of Origin, Life Careers, and Wellness", *Journal of Vocational Behavior, No. 70, 2007, pp. 369 - 397.

Ibarra H. and Barbulescu R. , "Identity as Narrative: Prevalence, Effectiveness, and Consequences of Narrative Identity Work in Macro Work Role Transitions", Academy of Management Review, Vol. 35, No. 1, 2010, pp. 135 - 154.

Igbaria M. and Wormley W. M. , "Organizational Experiences and Career Success of MIS Professionals and Managers: An Examination of Race Differences", MIS Quarterly, No. 16, 1992, pp. 507 - 529.

Jay C. and Chris B. , "Male Reference Group Identity Dependence: Support for Construct Validity", Sex roles, No. 43, 2000, pp. 323 - 339.

Jetten J. et al. , "We're All Individuals: Group Norms of Individualism and Collectivism, Levels of Identification, and Identity Threat", European Journal of Social Psychology, No. 32, 2002, pp. 189 - 207.

Jetten J. et al. , "Maintaining Group Identification under Conditions of Devaluation: Intergroup Differentiation and Intragroup Respect as Social Creativity Responses", Journal of Experimental Social Psychology, No. 41, 2005, pp. 208 - 215.

Judge T. A. et al. , "The Big Five Personality Traits, General Mental Ability, and Career Success across the Life Span", Personnel Psychology, No. 52, 1999, pp. 621 - 652.

Judge T. A. and Bono J. E. , "Relationship of Core Welf-evaluations Traits Self-esteem, Generalized Self-efficacy, Locus of Control, and Emotional Stability-with Job Satisfaction and Job Performance: A Meta-analysis", Journal of Applied Psychology, Vol. 86, No. 1, 2001, pp. 80 - 92.

Judge T. A. et al. , "Longitudinal Models of Sponsorship and Career Success: A Study of Industrial-organizational Psychologists", Personnel Psychology, No. 57, 2004, pp. 271 - 303.

Judge T. A. and Piccolo R. F. , "Transformational and Transactional Leadership: A Meta-analytic Test of Their Relative Validity", Journal of Applied Psychology, Vol. 89, No. 5, 2004, pp. 755 - 768.

Keeton K. B. , "Characteristic of Successful Women Managers of Sessions in Local Government: A National Survey", Women in Management Review,

Vol. 11, No. 3, 1996, pp. 27 - 34.

Keith K. and Mcwilliams A. , "The Returns to Mobility and Job Search by Gender", *Industrial and Labor Relations Review*, Vol. 52, No. 3, 1999, pp. 460 - 477.

Kelly D. H. , Work-family Conflict Self-efficacy: A Scale Validation Study, Ph. D. dissertation, The University of Maryland, 2005.

Kelly D. H. and Robert W. L. , "Self-efficacy for Managing Work-family Conflict: Validating the English Language Version of a Hebrew Scale", *Journal of Career Assessment*, No. 14, 2008, pp. 151 - 163.

Kirchmeyer C. , "Determinants of Managerial Career Success: Evidence and Explanation of Male/Female Differences", *Journal of Management*, No. 24, 1998, pp. 673 - 92.

Kreiner G. et al. , "Where is the Me among the We? Identity Work and the Search for Optimal Balance", *Academy of Management Journal*, No. 49, 2006, pp. 1031 - 1057.

Laird N. M. and Ware J. H. , "Random Effects mModels for Longitudinal Data", *Biometrics*, Vol. 38, No. 4, 1982, pp. 963 - 974.

Lapan R. T. et al. , "Self-efficacy as a Mediator of Investigative and Realistic General Occupational Themes on the Strong-Campbell Interest Inventory", *Journal of Counseling Psychology*, No. 36, 1989, pp. 176 - 182.

Lave J. and Wenger E. , *Situated Learning: Legitimate Peripheral Participation*, Cambridge: Cambridge University Press, 1991.

Lobel S. A. , "Allocation of Investment in Work and Family Roles: Alternative Theories and Implications for Research", *Academy of Management Journal*, No. 16, 1991, pp. 507 - 521.

Lona W. and Diane K. W. , "Gender Similarity or Gender Difference? Contemporary Women's and Men's Career Patterns", *The Career Development Quarterly*, No. 60, 2010, pp. 47 - 63.

Luthans F. , "The Need for and Meaning of Positive Organizational Behavior", *Journal of Organizational Behavior*, Vol. 23, No. 6, 2002, pp. 695 - 706.

Luthans F. and Youssef C. , "Human, Social, and Now Positive Psychological Capital Management: Investing in People for Competitive Advantage",

Organizational Dynamics, Vol. 33, No. 2, 2004, pp. 143 – 160.

Mainiero L. A. , "Getting Anointed for Advancement: The Case of Executive Women", *Academy of Management Executive*, Vol. 8, No. 2, 1994, pp. 53 – 67.

Mainiero L. A. and Sullivan S. E. , "Kaleidoscope Careers: An Alternate Explanation for the Opt out Revolution", *The Academy of Management Executive*, Vol. 19, No. 1, 2005, pp. 106 – 123.

Malen E. A. and Stroh L. K. , "The Influence of Gender on Job Loss Coping Behavior Among Unemployed Managers", *Journal of Employment Counseling*, Vol. 35, No. 1, 1998, pp. 26 – 39.

Maxwell J. A. , *Qualitative Research Design. An Interactive Approach*, CA: SAGE Publications, 1996: 17 – 20.

Marsden P. V. , "Core Discussion Networks of Americans", *American Sociological Review*, No. 52, 1987, pp. 122 – 31.

McCacken G. , *The Long Interview*, CA: SAGE Publications, 1988.

Mcwhirter E. H. et al. , "Assessing Barriers to Women's Career Adjustment", *Journal of Career Assessment*, Vol. 6, No. 4, 1998, pp. 449 – 479.

Melamed T. , "Barriers to Women's Career Success: Human Capital, Career Choices, Structural Determinants, or Simply Sex Discrimination", *Applied Psychology*, Vol. 44, No. 4, 2008, pp. 295 – 314.

Michael A. et al. , "A Tale of Two Theories: A Critical Comparison of Identity Theory with Social Identity Theory", *Social Psychology Quarterly*, Vol. 11, No. 58, 1995, pp. 255 – 269.

Miles M. B. and Huberman A. M. , *Qualitative Data Analysis: A source Book of New Methods*, Bererly Hills, CA: Sage, 1984.

Moore G. , "Structural Determinants of Men's and Women's Personal Networks", *American Journal of Sociology*, No. 55, 1990, pp. 726 – 735.

Netemeyer R. G. et al. , "Development and Validation of Work-family Conflict and Family-work Conflict Scales", *Journal of Applied Psychology*, No. 81, 1996, pp. 400 – 410.

Ng T. W. et al. , "Predictors of Objective and Subjective Career Success: A Meta-analysis", *Personnel Psychology*, No. 58, 2005, pp. 367 – 408.

Nicholson N. , "A Theory of Work Role Transitions", *Administrative Science Quarterly*, Vol. 29, No. 2, 1984, pp. 172 – 191.

Nicholson N. and Wendy D. W. , "Playing to Win: Biological Imperative, Self-regulation, and Trade-offs in the Game of Career Success", *Journal of Organizational Behavior*, No. 26, 2005, pp. 103 – 128.

Ohlott P. J. et al. , "Gender Differences in Managers' Developmental Job Experiences", *Academy of Management Journal*, No. 37, 1994, pp. 46 – 67.

O'Leary V. E. , "Some Attitudinal Barriers to Occupational Aspirations in Women", *Psychological Bulletin*, No. 81, 1974, pp. 809 – 826.

O' Neil D. A. and Diana B, "Women's Career Development Phases: Idealism, Endurance, and Reinvention", *Career Development International*, No. 10, 2005, pp. 168 – 262.

Orpen C. , "The Effects of Organizational and Individual Career Management on Career Success", *International Journal of Manpower*, Vol. 15, No. 1, 1994, pp. 27 – 37.

Paik Y. S. eds. , *The Influence of Overseas Assignment on Self-efficacy of Expatriate Managers: The Case of Korean Managers in U. S. Subsidiaries*, CT: Jai Press, 1998.

Parasuraman S. and Simmers C. A. , "Type of Employment, Work-family Conflict and Well-being: A Comparative Study", *Journal of Organizational Behavior*, Vol. 22, No. 5, 2001, pp. 551 – 556.

Patton M. Q. , *Qualitative Evaluation and Research Methods* (2nd ed.), CA: SAGE Publications, 1990.

Petrides K. V. and Furnham A. , "The Role of Trait Emotional Intelligence in a Gender-specific Model of Organizational Variables", *Journal of Applied Social Psychology*, Vol. 36, No. 2, 2006, pp. 552 – 569.

Peterson C. , "The Future of Optimism", *American Psychologist*, No. 11, 2000, pp. 55 – 79.

Petrides K. V. and Furnham A. , "The Role of Trait Emotional Intelligence in a Gender-specific Model of Organizational Variables", *Journal of Applied Social Psychology*, Vol. 36, No. 2, 2006, pp. 552 – 569.

Pfeffer, "Changing Mental Models: HR's Most Important Task", *Human Re-*

source Management, Vol. 44, No. 2, 2005, pp. 123 – 128.

Powell G. N. et al., "Gender and Managerial Stereotypes: Have the Times changed?", Journal of Management, No. 28, 2002, pp. 177 – 193.

Powell G. N. and Butterfield D. A., "Investigating the 'Glass Ceiling' Phenomenon: An Empirical Study of Actual Promotions to Top Management", Academy of Management Journal, Vol. 37, No. 1, 1994, pp. 68 – 86.

Ragins B. R. et al., "Gender Gap in the Executive Suite: CEOs and Female Executives Report on Breaking the Glass Ceiling", Academy of Management Executive, Vol. 12, No. 1, 1998, pp. 28 – 42.

Ransom M. and Oaxaca R. L., "Intrafirm Mobility and Sex Differences in Pay", Industrial Labor Relations Review, No. 58, 2005, pp. 219 – 237.

Ravasi D. and Sehultz M., "Responding to Organizational Identity Threats: Exploring the Role of Organizational Culture", Academy of Management Journal, Vol. 49, No. 3, 2006, pp. 433 – 458.

Regimes W., "Family-supportive Policies and Women's Employment along the Life-Course", American Journal of Sociology, Vol. 11, No. 106, 2001, pp. 1731 – 1760.

Riketta M. and Nienaber S., "Multiple Identities and Work Motivation: The Role of Perceived Compatibility Between Nested Organizational Units", British Journal of Management, No. 18, 2007, pp. 61 – 77.

Rojahn K. and Willemsen T. M., "The Evaluation of Effectiveness and Likeability of Gender Role Congruent and Gender Role Incongruent Leaders", Sex Roles, No. 30, 1994, pp. 109 – 119.

Rosener J. B., "Ways Women Lead", Harvard Business Review, No. 13, 1990, pp. 53 – 62.

Rothbard N. and Brett J., Promote Equal Opportunity by Recognizing Gender Differences in the Experience of Work and Family, Handbook of Principles of Organizational Behavior, Blackwell, Oxford, 2004.

Russell J. E. and Rush M. C., "A Comparative Study of Age-related Variation in Women's Views of a Career in Management", Journal of Vocational Behavior, Vol. 30, No. 3, 1987, pp. 280 – 294.

Schaefer B. M. et al., "The Work Lives of Child Molesters: A Phenomenological Perspective", *Journal of Counseling Psychology*, No. 51, 2004, pp. 226 – 239.

Schein V. E., "Women in Management: Reflections and Projections", *Women in Management Review*, Vol. 22, No. 1, 2007, pp. 6 – 18.

Schneider B., "The People Make the Place", *Personnel Psychology*, Vol. 23, No. 5, 1987, pp. 773 – 795.

Schyns B. and Sanders K., "Exploring Gender Differences in Leaders' Occupational Self-efficacy", *Women in Management Review*, No. 20, 2005, pp. 513 – 523.

Seibert S. E. et al., "Proactive Personality and Career Success", *Journal of Applied Psychology*, Vol. 84, No. 3, 1999, pp. 416 – 427.

Seibert S. E. and Kraimer M. L., "The Five-factor Model of Personality and Career Success", *Journal of Vocational Behavior*, No. 58, 2001, pp. 1 – 21.

Shackelford S. et al., "Behavioral Styles and the Influence of Women in Mixed-sex Groups", *Social Psychology Quarterly*, No. 59, 1996, pp. 284 – 293.

Sharpe R., "As Leaders, Women Rule: New Studies Find That Female Managers outshine Their Male Counterparts in almost Every Measure", *Business Week*, 2000, p. 11.

Sheldon S. and Burke P. J., "The Past, Present, and Future of an Identity Theory", *Social Psychology Quarterly*, No. 63, 2000, pp. 284 – 297.

Sheldon S., "Symbolic Interactionism, A Social Structural Version", Paper delivered to Palo Alto: Benjamin/ Cummings, 1980.

Siguaw D., "Formative Versus Reflective Indicators in Organizational Measure Development: A Comparison and Empirical Illustration", *British Journal of Management*, Vol. 17, No. 4, 2006, pp. 263 – 282.

Sjoberg O., "The Role of Family Policy Institutions in Explaining Gender-role Attitudes: A Comparative Multilevel Analysis of Thirteen Industrialized Countries", *Journal of European Social Policy*, Vol. 14, No. 2, 2004, pp. 107 – 123.

Skorikov V. B. and Vondracek F. W., "Positive Career Orientation as an Inhibitor of Adolescent Problem Behavior", *Journal of Adolescence*, No. 30, 2007, pp. 131 – 146.

Sparr, S. J. , "Sex Discrimination in the legal Profetion: A Stady of Promotion", *Industrial and Lahor Relations Review*, Vol, 15, 1990, pp. 43 – 71.

Spradley J. P. , *The Ethnographic Interview*, New York: Holt Rinehart and Winston, 1979.

Stoloff J. A. eds. , *Women's Participation in the Labor Force: the Role of Social Networks*, In: Social Networks, 1999.

Strauss A. L. and Corbin J. M. , *Basics of Qualitative Research: Techniques and Pocedures for Developing Grounded Theory*, Los Angeles: Sage Publications, 1990.

Super D. E. , "A Life-span, Life-space Approach to Career Development", *Journal of Vocational Behavior*, No. 16, 1980, pp. 282 – 298.

Tharenou P. and Conroy D. , "Men and Women Managers Advancement: Personal or Situational Determinants", *Applied Psychology*, No. 43, 1994, pp. 5 – 31.

Tharenou P. , "Managerial Career Advancement", *International Review of Industrial and Organizational Psychology*, No. 12, 1997, pp. 39 – 93.

Tharenou P. , "Going up? Do Traits and Informal Social Processes Predict Advancing in Management?", *Academy of Management Journal*, Vol. 44, No. 5, 2005, pp. 1005 – 1017.

Tsui A. S. and Gutek B. A. , "A Role Set Analysis of Gender Differences in Performance , Affective Relationships, and Career Success of Industrial Middle Managers", *Academy of Management Journal*, No. 27, 2003, pp. 619 – 635.

Turner J. C. and Reynolds J. , "Why Social Dominance Theory Has Been Falsified", *British Journal of Social Psychology*, Vol. 42, No. 2, 2003, pp. 199 – 206.

Val C. , "Choice, Diversity and 'False Consciousness' in Women's Careers ", *International Journal of Training and Development*, No. 11, 2006, pp. 41 – 54.

Van Maanen J. and Schein E. H. , *Toward a Theory of Organizational Socialization*, Greenwich, CTL JAI Press, 1979.

Vanvianen A. and Fischer A. H. , "Illuminating the Glass Ceiling: The Role of

Organizational Culture Preferences", *Journal of Occupational & Organizational Psychology*, Vol. 75, No. 3, 2002, pp. 315–337.

Vecchio R. P., "Leadership and Gender Advantage", *The Leadership Quarterly*, No. 13, 2002, pp. 643–671.

Voydanoff P., "Toward a Conceptualization of Perceived Work-family Fit and Balance: A Demands and Resources Approach", *Journal of Marriage and Family*, No. 67, 2005, pp. 822–836.

Vrugt A. and Koeman M., "Theory of Perceived Self-efficacy as Applied to Women with a Managerial Function", *Group & Organization Management*, Vol. 7, No. 4, 1994, pp. 193–203.

Wang P. et al., "Antecedents and Outcomes of Work-family Conflict: Testing a Model of the Work-family Interface", *Journal of Applied Psychology*, No. 77, 2002, pp. 65–78.

Wang Z. M., "Managerial Competency Modeling and the Development of Organizational Psychology: A Chinese Approach", *International Journal of Psychology*, Vol. 38, No. 5, 2003, pp. 323–334.

Wang Z. M. and Zang Z., "Strategic Human Resources, Innovation and Entrepreneurship Fit: A Cross-reginal Comparative Model", *International Journal of Manpower*, Vol. 26, No. 6, 2005, pp. 544–559.

Weick K. E., *Sensemaking in Organizations Thousand Oaks London New Delhi*, C. A.: Sage Publications, 1995.

Weick K. E., *Enactment and the Boundaryless Career: Organizing as We Work*, New York: Oxford University Press, 1996.

Weiss R. S., *Learning from Strangers: The Art and Method of Qualitative Interviewing*, New York: The Free Press, 1994.

Welter F., "The Environment for Female Entrepreneurship in Germany", *Journal of Small Business and Enterprise Development*, Vol. 11, No. 2, 2004, pp. 212–222.

Wellington S. et al., "What's Holding Women Back?", *Harvard Business Review*, No. 81, 2003, pp. 18–19.

Wentling R. M., "The Career Development and Aspirations of Women in Middle Management Revisited", *Women In Management Review*, Vol. 11,

No. 18, 2003, pp. 311 – 324.

Whitmarsh L. and Wentworth D. K. , "Gender Similarity or Gender Difference? Contemporary Women's and Men's Career Patterns", *The Career Development Quarterly*, Vol. 3, No. 60, 2012, pp. 127 – 134.

Yamagata H. et al. , "Sex Segregation and Glass Ceilings: A Comparative Static Model of Women's Career Opportunities in the Federal Government Over a Quarter Century", *The American Journal of Sociology*, Vol. 103, No. 3, 1997, pp. 566 – 632.

Youssef C. M. and Luthans F. , *Resiliency Development of Organizations, Leaders and Employees: Multi-level Theory Building for Sustained Performance*, Oxford, U. K. : Elsevier, 2005.

附　录

一　访谈提纲
（仅供访谈者参考）

整个访谈主体围绕两个方面展开：首先，了解在职业发展中是如何层级攀升的，探寻他/她们的异同和职业发展规律。其次，了解女性在不同职业阶段的心理行为、行动与策略。同时，还会进一步追踪式提问，内容以访谈情境的不同而定。

1. 影响领导者职业成长/发展/成功的心理因素有哪些？如何看待领导者的心智？两性存在差别吗？

2. 作为一位优秀的女性领导者，取得成功的关键因素有哪些？能否举例自己创业过程中，不同时期的一些关键事件，并描述一下是如何取得成功的？

追加2—1：在职业发展中个人的优势以及劣势是什么？如何发挥或表现？通过何种方式发挥与克服？当面临外部的机会或威胁时，又是如何应对或突破的？

（目的：关注每一阶段的心智结构与取得成功之间的关系）

追加2—2：取得成功或突破之后的收获是什么？

（目的：关注收获中是否存在领导者心智的成长或发展）

追加2—3：您在创业的过程中，诸如，关键事件的发生或不同阶段，是如何看待自己的角色的？

（目的：关注对自我认知的变化）

追加2—4：女性职业生涯的第一障碍是，很难进入老男孩俱乐部的圈子，您有没有发现自己很难融入这个圈子？

3. 您职业生涯中压力最大是在什么时候？比如说一方面要照顾孩子，同时工作上还要完成得非常出色。

4. 作为一位优秀的女性领导者，您所倡导的领导观念或职业信念是什么？是如何认识和思考自身、员工和企业发展的？

5. 您是否对您身边的人有影响？包括亲属、朋友、员工等。

（目的：关注领导者的影响力，如何产生影响，是不是女性的优势？）

6. 您是如何看待女性的职业成功的？

追加6—1：您能否对女性或者不同阶段的女性提供一些建议？

二　问卷调查

尊敬的女士/先生，您好：

非常感谢您能抽出时间参与本次调查。本调查是同济大学人力资源工作室承担的教育部哲学社会科学研究重大课题攻关项目的一个专项调研，本问卷旨在了解个人职业成长过程中的相关因素。我们郑重承诺：

1. 本调查完全采用匿名的方式进行，个人的回答将会受到严格的保密。

2. 调查所得的数据纯属学术研究之用，并不会用于任何商业用途。

请您不要有任何顾虑。感谢您的合作与支持！

一　请根据自己的实际情况，对这些问项的说法做出选择，在相应的数字上打"√"。

（1 = 完全不赞同；2 = 不太赞同；3 = 一般；4 = 基本赞同；5 = 完全赞同）

序号	请根据您具体表现填写以下问项	1	2	3	4	5
1	男人以社会为主，女人以家庭为主	□	□	□	□	□
2	女性的首要职责是照料家庭，只有在这个前提下才谈得上她的事业	□	□	□	□	□
3	女性应该避免在社会地位上超过她的丈夫	□	□	□	□	□
4	我的价值观和职业所需要的价值观是一致的	□	□	□	□	□
5	我所从事的职业具有良好的社会形象	□	□	□	□	□
6	我的职业对社会是有意义的	□	□	□	□	□
7	我所从事的职业可以提升我的工作能力	□	□	□	□	□
8	我对所从事的职业有很大的兴趣	□	□	□	□	□
9	我所做的工作对同事和他人是有帮助的	□	□	□	□	□

二　请根据自己的实际情况，对这些问项的说法做出选择，在相应的数字上打"√"。

（1 = 完全不赞同；2 = 不太赞同；3 = 一般；4 = 基本赞同；5 = 完全

赞同)

序号	请根据您具体表现填写以下问项	1	2	3	4	5
1	如果我尽力去做的话,我总是能够解决问题的	□	□	□	□	□
2	我能冷静地面对困难,因为我信赖自己处理问题的能力	□	□	□	□	□
3	面对一个难题时,我通常能找到几个解决方法	□	□	□	□	□
4	有麻烦的时候,我通常能想到一些应付的方法	□	□	□	□	□
5	无论什么事在我身上发生,我都能应付自如	□	□	□	□	□
6	当我坚持了一个信念,不论其胜算的概率有多大,我都会尽力去实现它	□	□	□	□	□
7	我喜欢坚持自己的立场,即使有他人的反对	□	□	□	□	□
8	对我来说,坚持理想和达成目标是轻而易举的	□	□	□	□	□
9	我自信能有效地应付任何突如其来的事情	□	□	□	□	□
10	以我的才智,我定能应付意料之外的情况	□	□	□	□	□
11	我喜欢将问题转化成机遇的感觉	□	□	□	□	□
12	我能够掌控我自己的生活与工作	□	□	□	□	□
13	我擅长识别机会	□	□	□	□	□
14	我以不断提升自己的竞争力为目标	□	□	□	□	□
15	我会经常反思	□	□	□	□	□

三　请根据自己的实际情况,对这些问项的说法做出选择,在相应的数字上打"√"。

(1 = 完全不赞同;2 = 不太赞同;3 = 一般;4 = 基本赞同;5 = 完全赞同)

序号	请根据您具体表现填写以下问项	1	2	3	4	5
1	我对我的职业所取得的成功感到满意	□	□	□	□	□
2	我对自己为满足总体职业目标所取得的进步感到满意	□	□	□	□	□
3	我对自己为满足收入目标所取得的进步感到满意	□	□	□	□	□
4	我对自己为晋升目标所取得的进步感到满意	□	□	□	□	□
5	我对自己为满足所获得新技能目标所取得的进步感到满意	□	□	□	□	□

个人基本信息：

您的年龄：□20—29 岁　□30—39 岁　□40—49 岁　□50 岁及以上

您的性别：□男　　　　□女

教育程度：□大专　　　□本科　　　□硕士　　　　□博士及以上

婚姻状况：□未婚　　　□已婚　　　□其他

您的子女数：□暂无　□1 个　□2 个　□3 个　□4 个及以上

职务（称）：□高级管理人员（高级职称）　□中层管理人员（中级职称）

　　　　　　□基层管理人员（初级职称）　□普通员工

岗位类别：□市场销售　□客户服务　□技术研发

　　　　　□生产管理　□行政人事　□其他

企业性质：□国有企业　□民营企业　□外资企业

您换工作的频率：□一年一次　□一年两次或以上　□两年一次　□其他

您任现职时间：□1 年及以下　□1—3 年　□4—6 年　□7—9 年　□10 年及以上

在现单位工作时间：□1 年及以下　□1—3 年　□4—6 年　□7—9 年　□10 年及以上

在现行业工作时间：□1 年及以下　□1—3 年　□4—6 年　□7—9 年　□10 年及以上

——本问卷到此结束，请您再检查一遍有无漏答的题目——
再次感谢您的热心参与和积极合作

后 记

尽管从总体上看，本书通过质性化的方法，构建了关系模型并进行验证，取得了一定的理论进展，但是作为一项探索性研究，可供参考和借鉴的研究十分有限。同时本书的信度和效度方面也存在不同程度的局限和不足，需要在未来加以注意和改进。

首先，样本的选择。一方面对于个案的深度访谈对象，目前所用的样本多数来自上海和南京，虽然样本都是企业中的高层领导者，但是行业、企业规模不同，进行对比分析也比较少，因此难免会影响结论；另一方面，在进行追踪研究中，考虑到样本容量的问题，没有只针对高层样本进行大样本的调研，这就使得研究样本的代表性存在一定的局限性。后续的研究工作除了在地域上扩大之外，同时注意抓住时机尽可能地调研更多的高层领导者，使得研究成果具有更高的可信度和推广度。

其次，质的研究方法具有较强的主观性。由于主要是通过质性化的研究，对她们的内心世界和行为模式以"故事性"的形式进行细致的文本分析，从而描述出其间所呈现的认知特征。认知的构成和行为过程等是否会随着时代的发展而不断进行调整，使得研究结论达到概化，未来还需要进一步深化案例研究，并拓展研究视野。广泛借鉴心理学、社会学、政治学和经济学等学科的研究成果，进一步深入探讨在经济转型和社会心理嬗变过程中由于认知变化影响的行为模式等。通过借助不同研究成果和相关研究方法，开展多案例跟踪性研究进一步验证所得出的一些关键性结论。

最后，对于构念的重新整合，尽管本人在已有的基础上确定了构思框架，并严格遵循测量工具开发的原则、流程和方法，但由于研究者能力和研究时间的限制，诸如，有关角色认同量表是将国外现成的量表在英汉互译的基础上做了中国情境下的修正与检验。为了提高研究的质量，以后还应当收集更加丰富的客观数据再次对上述构念予以测量和验证，以提升研究量表的信度和效度。同时，在进行纵向数据追踪中，只进行了两个时间节点的调研。因此，未来将继续对研究对象进行数据追踪，探寻其成长过程。

需要说明的是，本书研究的重点在于第四章质性研究的内容，第五章是对目前可测量的部分关键性因素的动态演化关系进行实证检验，因此，相对而言，提出的研究假设相对较少，并且只做动态演化性的证明，不采用 AMOS 软件进行行为路径的探寻，未来将对此遗留的研究内容选择适宜的研究方法进行动态性和路径的分析。

与此同时，也发现了很多有价值的内容：

（一）工作价值取向的动态研究关系

这一研究议题，通过 13 位女性领导者对关键事件的描述，研究发现工作价值取向在短期内较为稳定，但是会存在变化或转型，而价值观取向转变的间隔时间相对较长，由于时间和资源的制约，在实证部分目前无法做到对女性领导者进行追踪研究。同时在数据处理方法上，由于工作价值取向（谋生取向、职业取向及呼唤取向）是多维度的构念，不存在取向之间的增长或减弱，通常表现为在取向之间转变，因此，在对工作价值取向的研究上，不能依照自我效能感的数据处理方式，方法上，对工作价值取向的研究比较复杂，在本书中只提到这一研究命题，没有对假设进行验证，这是本书的遗憾之处，不过在后续的研究中仍旧会关注工作价值取向的变化。除此之外，针对自我效能感增长性追踪研究，在未来仍旧进行，包括访谈和数据收集。

（二）心理进阶的理论研究

本书采取质性的研究方法探寻了女性领导者职业成长的释意要素及其动态演化关系。在研究的过程中，提出了"心理进阶"的研究新发现，并通过案例访谈和实证研究发现存在心理进阶的研究现象，由此，本书将继续深入对女性领导者职业成长中心理进阶的理论研究，通过文献的搜集和回顾，目前并未在国内外高质量的期刊上发现有对心理进阶这一议题的研究。针对目前的资源和时间的限制，只能对心理进阶的理论研究提供前期的研究准备，后续将采用质性研究中扎根研究的方法，融合心理学与管理学的相关内容，对心理进阶新的理论进行完善。

李鲜苗

2015 年 3 月 10 日